CB013797

Radiografia de um processo social: um estudo sobre o discurso jurídico a respeito da violência contra crianças

Coleção Psicologia Jurídica

Radiografia de um processo social: um estudo sobre o discurso jurídico a respeito da violência contra crianças

EDINETE MARIA ROSA

Casa do Psicólogo®

© 2004 Casa do Psicólogo Livraria e Editora Ltda.
É proibida a reprodução total ou parcial desta publicação, para qualquer finalidade, sem autorização por escrito dos editores.

1ª Edição
2004

Editores
Ingo Bernd Güntert e Myriam Chinalli

Assistente Editorial
Sheila Cardoso da Silva

Produção Gráfica & Capa
Renata Vieira Nunes

Projeto de Capa
William Eduardo Nahme

Editoração Eletrônica
Nair Fernandes da Silva

Revisão Gráfica
Adriane Schirmer

Dados Internacionais de Catalogação na Publicação (CIP)
(Câmara Brasileira do Livro, SP, Brasil)

Rosa, Edinete Maria
Radiografia de um processo social: um estudo sobre o discurso jurídico a respeito da violência contra crianças / Edinete Maria Rosa. – São Paulo: Casa do Psicólogo®, 2004. – (Coleção psicologia jurídica)

Bibliografia.
ISBN 85-7396-363-8

1. Crianças – Maus-tratos 2. Crimes contra crianças 3. Problemas sociais 4. Relações familiares (Direito de família) – Providências penais 5. Violência familiar I. Título. II. Série.

04-6931 CDD- 362.7

Índices para catálogo sistemático:

1. Crianças: Maus-tratos: Discurso jurídico: Problemas sociais 362.7
2. Violência contra crianças: Discurso jurídico: Problemas sociais 362.7

Impresso no Brasil
Printed in Brazil

Reservados todos os direitos de publicação em língua portuguesa à

Casa do Psicólogo® Livraria e Editora Ltda.
Rua Mourato Coelho, 1059 Vila Madalena 05417-011 São Paulo/SP Brasil
Tel.: (11) 3034.3600 E-mail: casadopsicologo@casadopsicologo.com.br
site: www.casadopsicologo.com.br

A Alfredo e Etelvina, meus pais.
A Leonardo e Lívia Helena, meus filhos.
E também àquelas outras crianças, que foram a razão desse trabalho.

Agradecimentos

À professora Drª Eda Terezinha de Oliveira Tassara, pela orientação tão atenciosa desde quando tudo ainda era "um projeto de projeto"; por ter me apontado a direção de novos rumos no estudo da violência de pais contra filhos e ter percorrido esse caminho com tanta dedicação e paciência.

Aos professores que participaram da banca, avaliando esta tese: Dr. Salvador Sandoval, Dr. Paulo Rogério Meira Menandro, Dr. Francisco Rogério de Oliveira Bonatto e, em especial, ao professor Dr. Lídio de Souza, que me orientou no mestrado e me incentivou a fazer o doutorado.

Ao juiz e às juízas das Varas Criminais, que permitiram o desenvolvimento deste trabalho; e aos funcionários da DPCA e das Varas Criminais, que o tornaram possível.

Aos meus amigos, que foram uma força propulsora dessa obra.

Aos meus irmãos Antônio, Eliete, Elizete e Elenice, e também a Denilda, pelo grande apoio, principalmente ocupando um pouco meu espaço na educação do Leonardo, providenciando atenção e momentos de lazer.

À Wanderlã, pelo incentivo constante; e ao Leonardo, que é força e inspiração até mesmo nos momentos em que quis "quebrar o computador e rasgar meus livros", reclamando minha atenção.

Ao CNPq, pela ajuda financeira.

Ao Deus em que creio, que declara Seu amor preferencial aos pobres e oprimidos.

A prática da violência, como toda ação, muda o mundo,
mas a mudança mais provável é para um mundo mais violento.

Hannah Arendt

Prefácio

Comer ou ser comido, essa a lei da selva.
Definir ou ser definido, essa a lei do homem.
Jaccard, R. A. *Loucura.*

Relacionar direito, família, violência e crianças remete-nos à necessidade de "fabular", cujo sentido primeiro indica ter a faculdade de falar, inerente à condição humana, mas facilmente usurpável entre os homens. A poucos compete falar a verdade social sobre os acontecimentos. A eles é conferido o poder de "fabular". Pertence à justiça, por direito – pela força de direito –, a competência para falar a verdade sobre réus e seus crimes, construindo a fábula jurídica, versão privilegiada referendada de antemão, pois guarda o poder da verdade (Ribeiro, 2001)[1].

Crimes e réus conotam-se com o termo violência, os quais, embora situando-se em campos semânticos próximos, apresentam-se incomensuráveis quando se procura precisá-los por meio de definições. Crimes são atos enquadráveis como transgressores das regras do direito, e réus são indivíduos que supostamente praticaram tais transgressões. Crimes são, portanto, de antemão, ações violentas, porque são ações que violam direitos e réus, quando condenados, referendam também, de antemão, a atribuição a eles do epíteto de homens praticantes de violência, ou de homens violentos. Nada, porém, falam sobre a natureza do ato violento ou o sentido social de seu significado e de sua produção histórica. Aqui retoma-se a questão da competência para falar sobre violência, de argumentar a verdade sobre réus e seus crimes, de construir a fábula jurídica, o poder da verdade e seus fundamentos.

[1]. Ribeiro, S. M. P. "Anatomia social de um crime em família. Estudo psicossocial sobre a dialética dos discursos e representações sobre família, afetos, homens e mortes". Dissertação de Mestrado apresentada ao IPUSP. São Paulo, 2001, p. 51-2.

Refletindo sobre a relação entre poder e violência, Arendt (1994) afirma "poder e violência são opostos; onde um denomina absolutamente, o outro está ausente"[2]. Para ela, não é a violência que gera o poder, mas, sim, ela aparece justamente quando há uma ameaça ao poder, "poder, cuja natureza política não é um atributo exclusivo de uma determinada forma de poder. É, antes, o efeito global da combinação entre as diferentes formas de poder" (Souza Santos, 1999)[3]. Assim, da fábula jurídica passa-se ao arcabouço de sua sustentação, ao exercício do poder, e suas vinculações com a ordem social e a violência que a ameaça. E, entre as formas de adjetivar a violência, existe a violência doméstica, da qual, a mais oculta, subreptícia e mimética é aquela dirigida às crianças – a violência física contra crianças que consiste em transgressão, quando, por hipótese, implica uma ruptura no que a sociedade define como justo ato socializador e/ou disciplinador e, portanto, um ato contra a promoção de defesa dos direitos da criança. No Brasil, esses direitos, na Constituição de 1988, se instituíram à luz da doutrina de proteção integral, adotada pela ONU pela Declaração Universal dos Direitos da Criança, de 1959, e pela Convenção Internacional dos Direitos da Criança, de 1989 (Oliveira, 1996)[4].

Se esses direitos estão formalizados na lei, isto não significa que estariam sendo enfocados sob contexto de sua produção social no âmbito das análises que se desenvolvem sobre suas manifestações e/ou no âmbito dos discursos competentes que se constroem para justificar decisões sobre suas eventuais transgressões. Esta situação assume dimensões paroxísticas quando se trata de violência doméstica contra crianças, vista pelo prisma das relações familiares, privadas, descontextualizadas, sob a égide do enaltecimento da família – que se fetichiza.

---

[2]. Arendt, H. *Sobre a violência*. Rio de Janeiro: Relume-Dumará, 1994, p. 44.

[3]. Souza Santos, B. *Pela mão de Alice: o social e o político na pós modernidade*. – 6ª ed. São Paulo, Cortez, 1999, p. 127.

[4]. Oliveira, J. L. de *Manual de direito da família*. Renovada atualizada e ampliada. 2ª ed. Recife, Livrotécnica, 1996, p. 10.

Se o termo violência pode significar desnaturar, coagir, constranger, torturar, brutalizar, violar ou transgredir à definição social do justo e do direito, como conciliar o poder de socializar/educar com a justiça e o direito? Basaglia, ao definir instituição de violência como aquela em que seus atores se subdividem em os que comandam e os que obedecem, confere à família, cuja função implica o enquadre dos indivíduos no justo e no direito definido socialmente, a característica de uma instituição de violência sustentando com força necessária a manutenção do poder inerente ao *status quo*. Significa, portanto, que o poder e a violência só são criticáveis quando exposta a fábula jurídica, o que se evidencia superlativamente no que se refere aos crimes e réus relativos a atos classificáveis como de violência doméstica contra crianças.

O estudo desenvolvido por Edinete Maria Rosa – *Radiografia de um processo social: um estudo sobre o discurso jurídico a respeito da violência contra crianças* – traz grandes contribuições para esta crítica. Inovando ao ousar aplicar, em suas análises do discurso jurídico em julgamentos de crimes de violência física contra crianças, um método de leitura lógica dos sistemas argumentativos desenvolvidos na composição das fábulas jurídicas, expõe as ideologias que subjazem à produção das suas respectivas verdades, mantendo intocável a família, fetichizando-a. Ao fazer emergir como ideal, nas fábulas analisadas, o que Canevacci (1981)[5] denomina família tardo-burguesa, modelo nuclear, monogâmico e patrilinear típico dos países de capitalismo maduro, expõe as fundações da hegemonia no Brasil, constituindo-se em trabalho genealógico de compreensão do discurso jurídico no que se refere à questão da violência doméstica contra a criança.

Nesta dialética do que se demonstra como uma instituição repressiva – a família –, abre um espaço de compreensão para alternativas redutoras de potenciais de violência, por meio da crítica aos processos psicossociais de construção histórica de modelos identitários e de luta política pela sua imposição. Converge com os paradigmas

[5]. Canevacci, M. (org). *Dialética da família. Gênese, estrutura e dinâmica de uma instituição repressiva.* São Paulo, Brasiliense (4ª edição), 1981.

do pensamento na teoria crítica da sociedade, resultando no que afirmam Adorno & Horkheimer: "Se se examina com rigor, a 'família Burguesa' é algo que não existe: nela o pretenso princípio racional do individualismo entra em contradição comigo mesmo..."[6].

São Paulo, 26 de julho de 2004.

Drª Eda Terezinha de Oliveira Tassara –
Professora Associada do Departamento de Psicologia Social e do Trabalho
Orientadora dos Programas de Pós-Graduação em Psicologia Social e em Ciências Ambientais
Coordenadora do LAPSI/IPUSP – Laboratório de Psicologia Socioambiental e Intervenção do Instituto de Psicologia da USP.

[6]. In: Canevacci, M. *op. cit.* p. 213-222.

Sumário

LISTA DE FIGURAS

LISTA DE TABELAS

LISTA DE ABREVIATURAS E SIGLAS

CBIA	Centro Brasileiro para Infância e Adolescência
COMCAN	Conselho Municipal de Direitos da Criança e do Adolescente de Anchieta
CPB	Código Penal Brasileiro
DPCA	Delegacia de Proteção à Criança e ao Adolescente
ECA	Estatuto da Criança e do Adolescente
FAC	Ficha de Antecedentes Criminais
Fórum DCA	Fórum de Direito da Criança e do Adolescente
IBGE	Instituto Brasileiro de Geografia e Estatística
MNMMR	Movimento Nacional de Meninos e Meninas de Rua
NEV-USP	Núcleo de Estudos da Violência da USP

INTRODUÇÃO

A construção da nova civilização no Terceiro Milênio passa por um gesto de extrema coragem. A coragem de fazer caminho onde não há caminho.

Leonardo Boff, *O despertar da águia:* o dia-bólico e o sim-bólico na construção da realidade.

Sobre o surgimento da pesquisa

Este livro surgiu de um desejo intenso: compreender, pelo prisma da psicologia social, um pouco mais a respeito da prática de violência de pais contra filhos. O motor da pesquisa que ora apresentamos sob a forma de livro remonta a 1992, quando, ainda no curso de graduação, realizamos um levantamento no programa SOS Criança, de Vitória/ES (Morais, Rosa e Trindade, 1994), a respeito dessa problemática e dos casos que lá chegavam. Tratava-se de um estudo de caráter exploratório, pois pouco conhecíamos da realidade capixaba.

Nesse primeiro trabalho, chamaram a atenção os registros das ocorrências, porque pouco se falava dos agressores; quando citados, eram sempre as mesmas características que se nos apresentavam: "alcoólatra", "desempregado", "nervoso", etc. Parecia que determinados estereótipos se aplicavam, sem nenhum critério ou esforço, para a compreensão do sujeito que era qualificado como "o agressor". Foi principalmente essa ausência de conhecimento a respeito do "agressor" que me motivou a realizar um estudo de caso, no mestrado, tendo como sujeito da pesquisa uma mulher, com registro na Delegacia de Proteção à Criança e ao Adolescente – DPCA, por ter praticado violência contra dois de seus três filhos. Esse estudo evidenciou variáveis pouco visualizadas em estudos anteriores, que geralmente têm seu foco principal na vítima, abrindo, assim, uma perspectiva para este trabalho que desenvolvi no doutorado.

Minha militância na área da criança e do adolescente começou com minha inserção nas Comunidades Eclesiais de Base. Em 1986, fundamos a Pastoral do Menor em Vitória/ES, momento em que os assaltos e furtos se tornavam mais freqüentes na cidade e em que ainda quase nada se tinha em termos de assistência a essas crianças. Durante a formação em Psicologia, tive a oportunidade de participar de algumas pesquisas que me aproximaram ainda mais da problemática da criança empobrecida e vítima de violência. Já quando finalizando o curso de graduação em Psicologia, trabalhei durante o período de 1992 a 1998, como militante, na divulgação do Estatuto da Criança e do Adolescente – ECA, tendo assumido a coordenação, por quatro anos, do Conselho Municipal de Direitos da Criança e do Adolescente de Anchieta – COMCAN. Nesse mesmo município do interior do Espírito Santo, tive a oportunidade de auxiliar na implantação do Conselho Tutelar. Essa participação contribuiu para problematizar algumas questões com as quais iniciei o doutorado. Em alguns momentos, contudo, por causa da proximidade dos problemas enfrentados pelos pais no trato com os filhos, meus pressupostos ficavam confusos e eu via como a teoria, muitas vezes, podia distanciar-se da prática.

Aos poucos fui lapidando novos interesses no estudo da violência, tendo como principal referência os discursos a respeito dessa prática, oriundos de diversos agentes e instituições sociais: igrejas, associações de moradores, professores, pais, promotores, delegados, crianças e adolescentes, dentre outros, uma vez que o Conselho de Direito promovia debates e estudos de caso, além de acompanhar os trabalhos do Conselho Tutelar.

Minha percepção ia acumulando informações que criavam um estado de inquietação cada vez maior, configurando um quadro divergente a respeito da compreensão sobre a prática de castigos físicos aplicados na relação pais e filhos. Das conclusões formuladas em meu trabalho de mestrado, a mais relevante talvez tenha sido a diversidade de opiniões a respeito do poder dos pais na educação dos filhos e a dificuldade em se determinarem os limites da violência.

Compreender o discurso a respeito da violência física doméstica representava, para mim, um novo desafio: a possibilidade de descobrir o ainda encoberto, de revelar as relações sociais subjacentes a esses atos cotidianos e de esclarecer algo que parecia estranho. Como uma prática pode perdurar por tanto tempo, apesar da existência de leis que a proíbam e apesar de algumas configurações de subjetividades tão próprias da nossa sociedade, como a do "amor de mãe?"

Outras forças estariam, com certeza, contribuindo para a ocorrência do fenômeno. Essa certeza impulsionou a realização deste estudo de doutorado, que privilegia o discurso do sistema de justiça como fonte de discursos a respeito da violência doméstica de pais contra filhos, registradas sob a referência criminal do artigo 136 do Código Penal Brasileiro – CPB, comumente conhecido como "maus-tratos".

Um breve panorama sobre os direitos da criança e do adolescente

A Declaração Universal dos Direitos da Criança, em 1959, e, depois, a Convenção Internacional dos Direitos da Criança, em 1989, foram os principais acontecimentos a provocar mudanças nas políticas de combate à violência contra crianças nos âmbitos familiar e social. Tais acontecimentos encontraram eco no Brasil, onde a situação de desrespeito à vida atingia, de maneira assustadora, um número considerável de crianças. Essa situação podia ser visualizada na mendicância pelas ruas e nos trabalhos forçados, desumanos e desproporcionais à estrutura física corporal da criança. Esses fatos, que já eram malvistos internacionalmente, começaram a despertar, principalmente por intermédio da Igreja Católica, dos partidos de esquerda e da Ordem dos Advogados do Brasil, um movimento de busca de leis que viessem a garantir melhorias de vida para uma parcela cada vez maior da população. Junto aos direitos sociais estava, na pauta de reivindicações, o direito à vida e a um tratamento respeitoso por parte daqueles que tinham, sob sua guarda e responsabilidade, uma criança e/ou um adolescente, fosse na esfera familiar ou em orfanatos e abrigos.

Percorreremos agora um pouco da história da conquista dos direitos das crianças e adolescentes, especificamente no que se refere ao tratamento recebido de pais ou responsáveis.

As leis referentes ao poder familiar

O pátrio poder[7] é apontado pelos juristas como uma das mais antigas normas sociais, sendo a cidade de Roma posta em destaque por ter sido a primeira e melhor a organizar juridicamente a questão do *pater familias* (Oliveira, 1976; Bevilaqua, 1910[8]), no contexto da cultura clássica. O pai tinha amplos poderes para punir, castigar, linchar, encarcerar ou vender os filhos. A sociedade romana "conferia ao 'pater familias' o direito de expor o próprio filho e até matá-lo" (Oliveira, 1976, p. 364). Esse ilimitado poder do pai era sustentado por preceitos religiosos que atribuíam a função de sacerdote aos pais, que deveriam conduzir os filhos para o bem e puni-los por suas falhas. A obediência ao pai significava a obediência a Deus. Foi também por influência da religião, agora pelo Cristianismo, que essas práticas abrandaram e, no ano 374 da era cristã, fizeram surgir a primeira lei proibindo o infanticídio (Postman, 1999). Hoje, no direito romano, o pátrio poder tem antes um caráter protetor para com a criança, porque limita o direito do pai sobre o filho e amplia seus deveres de proteção. Isso significa uma transformação profunda na prática social, que passa a reger-se pelos interesses do filho e não mais do pai.

Na França, desde o século XIII, o pai não tinha mais direito sobre a vida do filho (Badinter, 1985) e o pátrio poder não era nada mais do que dever de educação. Esse princípio se estabeleceu como regra, o que permitiu, por exemplo, que o século XIX instituísse uma lei (de 24 de Julho de 1889), segundo a qual "os *paes* ou mães, julgados indignos de exercer os direitos de acordo com os interesses superiores de educação e bem-estar do filho" (Bevilacqua, 1910, p. 512), perdiam o pátrio poder legalmente. Entre os direitos conferidos aos pais estavam o de correção e o de detenção do filho. Este último consistia em levar o filho até uma autoridade jurídica e deixá-lo preso por até seis meses. O código civil português também previa punição aos pais, no caso de

[7]. Atualmente o termo correto utilizado para se referir ao poder dos pais sobre a pessoa do filho, conforme o Código Civil, é "poder familiar". Abordaremos o termo pátrio poder porque iremos nos referir à sua história.

[8]. As citações diretas referentes a essa obra respeitarão as convenções ortográficas vigentes no período de edição da versão consultada.

abuso do poder, mas conferia o direito de requerer detenção para o filho, no caso de indisciplina, por até 30 dias. Na Alemanha, o pátrio poder era suspenso "pela incapacidade do *pae*, e terminava pela morte ou condenação em conseqüência de delictos commetidos contra o filho" (Bevilacqua, 1910, p. 516). Teoria a orientar a prática.

Na Inglaterra, a lei para crimes cometidos por adultos era mais branda que a lei para "crimes" cometidos por crianças. Ainda em 1780, diz Postman (1999), "as crianças podiam ser condenadas por qualquer um dos mais de duzentos crimes cuja pena era o enforcamento. Uma menina de 7 anos foi enforcada em Norwich por roubar uma anágua [...]" (p. 67), e somente "em 1814 [...] fora aprovada uma legislação que, pela primeira vez na história inglesa, tornou o ato de roubar uma criança em um delito passível de indiciação" (p. 67). No fim do século XIX, o pátrio poder previa o dever de criar, educar e proteger os filhos. Para cumprir seus deveres, o pai tinha o direito de "determinar o lograr da residência do filho, corrigil-o enquanto menor, encarceral-o em sua propria casa, e n'uma palavra, toda auctoridade necessária para bem cumprir seu dever de educação" (Bevilaqua, 1910, p. 518). Era destituído o pátrio poder do pai que não observasse o cumprimento de seus deveres, caso em que os filhos eram entregues à proteção tutelar.

A evolução dos direitos humanos que ocorria na Europa não chegou imediatamente ao Brasil. Até o fim do século XVIII, a legislação pouco tratava da questão da relação pais e filhos, apesar das práticas constantes de maus-tratos cometidos pelos pais:

> A tônica da legislação nas primeiras décadas do Brasil Império que fazia menção à infância era em torno do 'recolhimento de creanças orphãs e expostas' – preocupação fundada na ideologia cristã de amparar a infância órfã e abandonada (Rizzini, 1995, p. 115).

As leis que vigoraram até o século XIX referiam-se mais ao aspecto assistencial, assim como toda a política até então. Algumas leis tratavam da questão do trabalho infantil e da intervenção em instituições de amparo à criança. O primeiro projeto de lei desse século a tratar do relacionamento de pais e filhos é datado de 1906. O projeto destacava-se por apresentar, entre outros, dois pontos correlacionados ao nosso problema de pesquisa: um dos pontos estava no artigo 1º, segundo o qual todo menor[9] em situação de abandono moral ou de maus-tratos físicos ficava sob a proteção da autoridade pública, e o outro estava nos artigos 2º, 3º e 8º que dizia da suspensão, perda ou devolução do pátrio poder.

Em 1910, Clovis Bevilaqua define, no livro *Direito de Família*, o pátrio poder como "o conjunto dos direitos que a lei confere ao pae sobre a pessôa e os bens de seus filhos legítimos, legitimados ou adoptivos" (grifo nosso, p. 490). Nessa época, os direitos do pai sobre a pessoa do filho eram: "1º, dirigir a sua educação (dec. de 24 de janeiro de 1890); 2º, tê-lo em sua companhia, posse e guarda (dec. cit.); 3º, conceder ou negar consentimento para o seu consórcio, direito este que é compartilhado com a mãe" (p. 496); entre outros.

A suspensão do pátrio poder podia ocorrer em duas hipóteses: "1ª, quando o progenitor se ausenta prolongadamente para lograr remoto ou incerto; 2ª, quando é declarado incapaz para dirigir sua pessôa e administrar seus bens" (Bevilaqua, 1910, p. 503). Nesses casos a mãe assumia as funções do pai. A destituição, ou seja, a perda definitiva do pátrio poder, poderia acontecer em alguns casos, inclusive "pela sentença que demite o progenitor de sua auctoridade paternal, em virtude de maus-tratos infligidos aos filhos, ou de abandono [...]" (p. 510).

Além do projeto datado de 1906, outro projeto surge em 1912, tratando com "detalhes sobre a suspensão, destituição e restituição do pátrio poder, de acordo com circunstâncias que vão desde o cometimento de crime por parte do pai ou da mãe [...] até situações que comprometam a saúde e a moralidade dos filhos" (Rizzini, 1995, p. 123).

Comentando e comparando os dois projetos, de 1906 e 1912, Rizzini (1995) diz o seguinte:

> Observa-se aqui uma entrada mais nítida no âmbito, até então restrito, da família, como reflete a mudança na terminologia

[9]. O termo "menor" era utilizado judicialmente, na época, para designar aqueles que estavam abaixo da maioridade. Porém, esse termo, ideologicamente, significava um estereótipo negativo aplicado a todas aquelas crianças pobres e desamparadas.

> empregada para designar os responsáveis pela criança. De "pae, tutor e pessoa que tenha a guarda do menor" (1906), introduz-se "pae, mãe, filhos e relações familiares". O próprio termo "família" aparece pela primeira vez na legislação estudada (p. 123-4).

Nota-se, porém, que o termo "menor" aqui mencionado refere-se à criança e ao adolescente pobre, portanto a intervenção estatal via-se indicada apenas para os lares de famílias pobres. Isso só foi mudado com o Estatuto da Criança e do Adolescente em 1990, que estabeleceu a intervenção em qualquer lar em que existissem os maus-tratos, independentemente da situação social e econômica, uma vez que mudou o termo "menor" para "criança e adolescente" – com o conseqüente entendimento da mudança dos termos.

Em 1920, aconteceu o 1º Congresso Brasileiro de Proteção à Infância e, em 1927, foi promulgado o primeiro Código de Menores, conhecido como Código Mello Mattos, nome do seu autor e primeiro juiz de infância do Brasil. Esse Código continha 231 artigos e, além de estabelecer a assistência a menores de 18 anos, tinha duas grandes vertentes: uma sobre a assistência aos menores abandonados, em que se definia a ação de encaminhamento deles, seja aos seus pais ou às instituições de amparo; e outra, sobre os menores delinqüentes, em que menores de 14 anos não podiam ser submetidos a processo penal e os maiores de 14 e menores de 18 anos tinham processo especial.

Comentando o código Mello Mattos, Faleiros (1995) diz que:

> O código de 1927 incorpora tanto uma visão higienista de proteção do meio e do indivíduo como uma visão jurídica repressiva e moralista. Prevê a vigilância da saúde da criança, dos lactentes, das nutrizes, e estabelece a inspeção médica da higiene. No sentido de intervir no abandono físico e moral das crianças, o pátrio poder pode ser suspenso ou perdido por faltas dos pais (p. 63).

Faleiros (1995) conclui que a política da criança, até então, "se coloca como problema do menor, com dois encaminhamentos: o abrigo e a disciplina, a assistência e a repressão"; a partir daí, porém, "começa a emergir a estratégia dos direitos da criança (no caso do menor), já que o Estado passa a ter obrigações de proteção" (grifos do autor, p. 63).

Na Constituição Federal de 1937, o art. 127 foi especialmente dedicado à criança e ao adolescente. Ele diz:

> a infância e a juventude devem ser objetos de cuidados e garantias especiais por parte do Estado, que tomará todas as medidas destinadas a assegurar-lhes condições físicas e morais de vida sã e de harmonioso desenvolvimento de suas faculdades. O abandono moral, intelectual ou físico da infância e da juventude importará falta grave dos responsáveis por sua guarda e educação, e cria ao Estado o dever de provê-la de conforto e dos cuidados indispensáveis à preservação física e moral. Aos pais miseráveis assiste o direito de invocar o auxílio e a proteção do Estado para a subsistência e educação de sua prole (Rizzini, 1995, p. 136).

A partir da Constituição de 1937, tornou-se mais evidente que a preocupação com a criança e o adolescente passou a promover novos discursos, e a atenção até então concentrada nas crianças desassistidas, órfãs ou infratoras, voltada para a punição e internação, começou a ceder espaço para uma atenção mais preventiva com enfoque na família e em sua assistência. O Estado deveria entrar como parceiro das famílias, quando os bens materiais não garantissem seu sustento.

O Novo Código de Menores de 1979 – uma reformulação do Código de 1927 editada pela Associação Brasileira de Juízes de Menores – trouxe como novidade a redefinição de "situação irregular": assim, então, incluiu-se o "menor":

> I – privado de condições essenciais à subsistência, saúde e instrução obrigatória, ainda que eventualmente, em razão de: a) falta, ação ou omissão dos pais ou responsáveis; b) manifesta impossibilidade dos pais ou responsáveis para provê-las. II – vítimas de maus-tratos ou castigos imoderados impostos pelos

> pais ou responsáveis. (Associação Brasileira de Juízes de Menores, 1980, p. 5, *apud* Rizzini, 1995, p.157-158, grifos nossos).

Citamos aqui somente dois incisos, dos quatro existentes ainda nesse artigo. Ambos indicam que: primeiro, a situação irregular deixa de ser apenas situação de abandono e delinqüência para ser também carência familiar; e, segundo, os maus-tratos vêm acompanhados de castigos imoderados e também são incluídos na situação irregular. Sendo irregular sua situação, as crianças poderiam ficar sob a tutela do Estado. Esse primeiro inciso será, posteriormente, modificado pelo Estatuto da Criança por entender-se que a carência dos pais não pode ser motivo de destituição do pátrio poder.

Em 1976, o pátrio poder já era definido como "o complexo de direitos e deveres conferidos ao pai no tocante à pessoa e bens dos filhos menores não emancipados. É exercido não no interesse do pai, mas em proveito do filho e da família" (Oliveira, 1976, p. 366, grifos nossos). O pátrio poder passa de um poder absoluto, no início da civilização ocidental, para um poder tutelado, delegado pelo Estado contemporâneo, no interesse do filho.

Em 1989, é aprovada pela Assembléia Geral das Nações Unidas a Convenção Internacional dos Direitos da Criança, que passa a ser um instrumento internacional para a promoção e defesa dos direitos da criança. A Convenção estabeleceu uma estrutura normativa para a proteção da criança de qualquer forma de violência:

> Agentes do Governo adotarão todas as apropriadas medidas legislativas, administrativas, educacionais e sociais para proteger a criança de todas as formas de violência mental ou física, danos e abusos, negligência ou tratamento negligente, maus-tratos ou exploração (Shnit, 2002, p. 143).

Em 1996, a Assembléia Legislativa tornou-se, também, Assembléia Constituinte; naquela ocasião, papel importante foi exercido pelos vários movimentos de proteção à Infância, destacando-se os Fóruns de Direito da Criança e do Adolescente (Fórum DCA), que reuniram importantes movimentos, como o Movimento Nacional de Meninos e

Meninas de Rua (MNMMR), os partidos de esquerda, os promotores e juízes, o Centro Brasileiro para Infância e Adolescência (CBIA), além de organizações como a Igreja Católica, principalmente por intermédio da Pastoral do Menor. Essas entidades conseguiram reunir 1.200.000 assinaturas e apresentar uma emenda constitucional que garantiu a inclusão dos artigos 227, 228 e 229, dos direitos da Criança e do Adolescente, na Constituição de 1988. Destes, o que nos interessa em especial é o 227, que diz ser

> dever da família, da sociedade e do Estado assegurar à criança e ao adolescente, com absoluta prioridade, o direito à vida, à saúde, à alimentação, à educação, ao lazer, à profissionalização, à cultura, à dignidade, ao respeito, à liberdade e à convivência familiar e comunitária, além de colocá-los a salvo de toda forma de negligência, discriminação, exploração, violência, crueldade e opressão (Constituição Federal, 1988, p.148).

A Constituição de 1988, talvez em virtude de seu caráter participativo (materializado no lema "Constituinte sem povo não cria nada de novo"), teve aceitação e agradou a muitos grupos de defesa dos direitos humanos no Brasil. No que diz respeito aos direitos das crianças, foi apontada sua consonância com a declaração de direitos em âmbito mundial.

> A Constituição de 1988 foi a primeira, em todo mundo, a instituir o novo direito, à luz da doutrina da proteção integral, adotada pela ONU através da Declaração Universal dos Direitos da Criança, de 1959, e da Convenção Internacional dos Direitos da Criança, de 20 de novembro de 1989 (Oliveira, 1996, p. 10, grifos do autor).

A Constituição trouxe vários avanços para a questão da criança. Dentre eles destacam-se dois: o de declarar serem a criança e o adolescente "Prioridade Nacional", e o de estabelecer a participação comunitária nas questões sociais estabelecidas no artigo 204, que resultou posteriormente na formação dos conselhos de direitos e tutelares. Essa novidade da Constituição recebeu o nome de "descentralização" ou "municipalização".

Os direitos garantidos na Constituição foram regulamentados em 13 de julho de 1990, pela lei federal 8.069, intitulada "Estatuto da Criança e do Adolescente" – ECA. Portanto, o Estatuto surgiu da necessidade de se romper com a tradição da política de atendimento à criança e ao adolescente; da necessidade de se ter um instrumento concreto para a promoção e defesa dos direitos de cidadania da criança e do adolescente, e para regulamentar o artigo 227 da Constituição Federal de 1988.

Avançando em relação à Constituição, o Estatuto foi ainda mais fiel às normas internacionais das Nações Unidas estabelecidas pelas Regras de Beijing e pela Convenção dos Direitos da Criança (Lahale, 1992). As regras de Beijing, aprovadas na China em 1984, defendem que, não tendo a criança e o adolescente completado sua fase de maturação pessoal e social, devem ser protegidos na família e na comunidade, evitando que precisem fazer uso do sistema judicial. Isso faz com que a tônica do Estatuto Brasileiro seja a prevenção na tentativa de afastar possibilidades de criminalidade.

Outra inovação do Estatuto é que a criança e o adolescente passam a ser sujeitos de direitos. Isso significa que o Estatuto, rompendo com a doutrina da situação irregular presente nos Códigos de Menores, confere à criança e ao adolescente um novo espaço jurídico: eles passam a ser sujeitos de direitos humanos e sociais, tendo garantida, em lei, sua proteção integral.

A proteção contra a violência está explicitada no artigo 5º do ECA que diz:

"Nenhuma criança ou adolescente será objeto de qualquer forma de negligência, discriminação, exploração, violência, crueldade e opressão; punido na forma da lei qualquer atentado, por ação ou omissão, aos seus direitos fundamentais" (Ministério Público do Estado do Espírito Santo, 2002, p. 35).

O descumprimento desse artigo pode resultar em suspensão do pátrio poder.

O pátrio poder, até 1962, era exercido somente pelo homem, conforme o Código Civil de 1916, definido como "chefe da sociedade conjugal" (Rodrigues Filho, 1996). Com o Estatuto da Mulher Casada, lei de 17/08/62, o pátrio poder passa a ser de competência dos pais, porém a mãe é, simplesmente, colaboradora.

O artigo 21 do Estatuto da Criança e do Adolescente, em 1990, estabelece a participação conjunta do pai e da mãe no pátrio poder que pode ser suspenso, conforme a mesma lei, quando os pais descumprirem o Código Civil, que trata de abuso de poder no art. 394, e de castigo imoderado no art. 395. O código ainda acrescenta o descumprimento dos deveres e obrigações previstos no art. 22 do Estatuto: sustento, guarda e educação.

Percebemos, porém, que mesmo sendo reconhecida uma participação mais ativa e igualitária da mãe no poder de criação do filho, o ECA não rompe com a terminologia "pátrio poder" que, em sua etimologia, continua a conferir o poder ao pai (pátrio). A participação igualitária da mãe sobre a educação e a vida do filho só será, de fato, legalmente reconhecida com o novo Código Civil, cujo início de vigência se deu em 11 de janeiro de 2003. Nessa ocasião, o termo a designar o poder dos pais sobre a vida dos filhos passa a ser "poder familiar", desvinculando-se do termo "pátrio", que significa "pai".

Outra importante inovação do Estatuto é que ele prevê os crimes de tortura contra crianças e adolescentes no art. 233[10]. A tortura é um crime inafiançável, e a pena vai de 1 a 30 anos de reclusão conforme a gravidade dos danos. Essa inovação foi muito importante, uma vez que os crimes contra crianças caracterizam-se, em tese, como tortura, pois a criança fica submetida à coerção do adulto por não ter como se defender em virtude da desproporção de seu poder em relação ao adulto.

10. A lei de tortura extensa a outros segmentos da população levará sete anos para ser aprovada, em 7 de abril de 1997.

EM BUSCA DE UM SENTIDO PARA A VIOLÊNCIA

Em momentos cruciais, da prova maior, onde vamos inspirar-nos? De que fundo vamos tirar os materiais para a nova construção?

Leonardo Boff, O despertar da águia: o dia-bólico e o sim-bólico *na construção da realidade.*

A violência contra crianças no contexto familiar

O discurso sobre a violência doméstica é, na sua forma mais profunda, um discurso sobre a família. O empenho na sua compreensão requer, em princípio, o estudo da função social da família e da dinâmica das relações estabelecidas entre os seus membros. Consultando a literatura, chegamos à conclusão de que a existência da família deve-se ao fato de que ela sempre esteve a serviço da legitimação dos interesses sociais, servindo hoje para sustentar uma aparente organização social baseada em princípios do bem comum.

Ao contrário da idéia naturalizada, presente no imaginário popular, a família é uma produção social que, tendo se apropriado das necessidades da natureza humana, tornou-se uma das mais poderosas instituições de controle da vida humana. Sendo uma produção social, desde sua origem, ela mantém uma estreita relação dialética com a sociedade, favorecendo-se por reunir aspectos culturais e naturais da vida humana. Os aspectos culturais podem ser visualizados nos diferentes modos de organização familiar existentes nas diversas sociedades. O modo de tratamento dispensado aos filhos, a alimentação, a arquitetura das casas, esses são alguns exemplos da influência da cultura na família. Já a natureza é a parte "objetiva, o mundo material que é ao mesmo tempo interior e exterior ao ser humano – à subjetividade – numa relação de constante e insolúvel tensão" (Canevacci, 1981, p. 30). Os intercâmbios orgânicos que a família mantém com a natureza são o trabalho, o amor e a morte, os quais constituem aspectos fundamentais de uma tensão entre a natureza e a cultura.

Morgan, citado por Canevacci (1981), afirma que a família monogâmica é somente um dos tipos de família que existem na história, frutos da evolução de outros modos de vida humana, e que deve suas próprias origens à propriedade[11]. A propriedade desenvolveu uma influência suficientemente poderosa para atingir a estrutura orgânica da sociedade, e a certeza diante da paternidade dos filhos passava a adquirir, nesse modelo de família, um significado desconhecido nas condições anteriores. Nesse contexto, "as restrições sexuais foram impostas e interiorizadas, com uma crueldade terrorista inimaginável, a partir do casamento monogâmico-patriarcal, inspirado pelo direito romano e pela moral cristã". (p. 47).

Refletindo sobre a condição de natureza e cultura da família, Canevacci (1981) diz:

> Criar a vida é a única atividade humana que, para ser satisfeita, requer a presença de um partner. A essência dessa satisfação deveria ser colocada na perspectiva da exaltação máxima da espontaneidade, do entregar-se totalmente a um outro ser. Ao contrário, a procriação tornou-se fonte do mais imerecido dos privilégios, quase como se significasse o supremo sacrifício, desde que o homem descobriu a relação de causa e efeito entre ato sexual e geração. Poder estabelecer uma descendência certa e legítima foi a reviravolta histórica para a transmissão hereditária dos bens e, portanto, para a "invenção" da família monogâmica patrilinear (p. 34).

Faz parte da cultura a função atribuída à família de transmissão dos bens, uma vez que a cultura "é a parte que historicamente se acrescenta à natureza do homem" (Catemario *apud* Canevacci, 1981, p. 38) e o poder do homem, na relação com os outros membros da família, derivou do fato de ele possuir o capital e de só os filhos do

[11]. Os outros tipos de família descritas por Morgan são, pela ordem de sua evolução, a família consangüínea, a família punaluana, a família sindiásmica, a família patriarcal e a família monogâmica.

sexo masculino participarem da herança dos bens dos pais. Dessa forma, a família monogâmica baseia-se "no poder do homem, com a finalidade precípua de procriar filhos de paternidade incontestada; e essa paternidade é exigida porque os filhos, na qualidade de herdeiros diretos, devem um dia se apossar da fortuna paterna" (Engels, *apud* Canevacci, 1981, p. 74).

Dessa forma, a família monogâmico-patriarcal legitima a superioridade do homem, atribuindo-lhe um *status* superior ao da mulher, fundamentando-se na importância da transmissão dos bens materiais. Esse *status* é raramente contestado na atualidade mesmo que alguns outros modelos de organização familiar vieram à luz com os estudos atuais sobre a família destacando, por exemplo, um número considerável de famílias que são comandadas por mulheres[12]. Nesse sentido, vemos que, apesar da inserção da mulher no mundo do trabalho assalariado, os preconceitos de gênero ainda permanecem, principalmente quando se trata da remuneração e dos postos de trabalho ocupados por mulheres, comparados aos ocupados por homens. Vejamos, a esse respeito, um comentário de Mitchell (1972), que mantém sua atualidade mesmo tendo sido escrito há algumas décadas, já no contexto pleno de inserção feminina no mercado de trabalho:

> Raramente os trabalhos femininos constituem "carreiras"; e, quando não são operárias das categorias mais baixas, as mulheres estão normalmente em posições empregatícias auxiliares (por exemplo, secretárias), em papéis de apoio às funções masculinas (Mitchell, *apud* Canevacci, 1981, p. 263).

A inferioridade relacionada aos trabalhos domésticos em que foram submetidas as mulheres, a partir da Revolução Industrial, estende-se a outros espaços sociais, reproduzindo a desigualdade e legitimando a desvalorização das funções desenvolvidas dentro do lar. Portanto, mesmo que algumas transformações tenham aproximado o modo de atuação da mulher ao do homem, no nível doméstico

[12]. Dados do IBGE (2000) apontam que 27% das mulheres com idade entre 15 e 19 anos sustentam suas famílias.

continua uma diferença que se transforma muitas vezes em desigualdades. De qualquer forma, mantém-se a relação autoridade/família que cria, desde a infância, a necessidade "objetiva" do domínio do homem sobre o homem, e a família não se liberta de ser uma "terrível matriz dos mecanismos de internalização da submissão, a mais funcional das 'agências psicológicas' da sociedade" (Canevacci, 1981, p. 211).

O trabalho de Malinowski (1969), ressalvando-se todas as considerações admissíveis em relação a um trabalho antropológico da escola funcionalista, apóia-nos na proposição de que a Psicologia, muitas vezes, descontextualizou suas teorias a respeito da família, contribuindo para manter o estado de opressão do qual se servem os pais, principalmente, no trato com os filhos. O complexo de Édipo, por exemplo, questão fundamental da teoria freudiana, não tem sentido nas famílias das Ilhas Trobriand, onde o pai torna-se amigo e companheiro de lazer do filho. O exemplo extraído do trabalho do antropólogo inglês basta para demonstrar que as relações familiares não são universais nem naturais. A autoridade que o pai desfruta na família patriarcal "não é uma autoridade acidental"; como afirma Fromm, ela se funda "em última instância, na estrutura autoritária de toda a sociedade" (Fromm, *apud* Canevacci, 1981, p. 172).

O complexo de Édipo, tal como interpretado por Freud, reforça uma forma de poder que privilegia sempre aquele que tem posição superior na hierarquia social e que estabelece uma certa dominação baseada na condição econômica. Canevacci (1981), citando Propp, descreve uma fábula Zulu que serve para exemplificar essa questão:

> Conta-se que havia um chefe, que gerou uma porção de filhos. Mas não lhe agradava o nascimento de filhos homens, porque, dizia ele, tais filhos – tornados adultos – tomariam o seu poder. E, então, realiza-se o infanticídio nas formas mais variadas e mais cruéis: aos vários Édipos se furam os pés, se corta o ventre, se decepa a cabeça, se dilacera o peito. O mito se explicita numa perseguição universal por parte da família patriarcal. E, apesar disso, a conclusão é sempre idêntica: "Édipo, que matou o pai,

é um celerado mesmo se não tinha consciência. Ao contrário, o crime de Laio, que tentou matar o filho, jamais é experimentado como um delito" (p. 36).

Reproduzindo as relações de poder que estão presentes na sociedade, nas quais há dominantes e dominados, a família cumpre sua função de agente da reprodução ideológica que legitima o poder social, principalmente por ser o *locus* da estruturação da vida psíquica.

> É a maneira peculiar com que a família organiza a vida emocional de seus membros que lhe permite transformar a ideologia dominante em uma visão de mundo, em um código de condutas e de valores que serão assumidos mais tarde pelos indivíduos. (Reis, 1989, p. 104).

E como isso acontece? Parafraseando Fromm (*apud* Canevacci, 1981), podemos perguntar: Que processo psicológico garante ser o poder existente na sociedade tão bem aceito e veiculado pelo homem?

O autor desenvolve a idéia de que a violência e o poder externos, utilizados pelas autoridades que dominam uma sociedade, não são suficientes (ou totalmente eficazes) para manter a docilidade e a submissão das massas. É preciso então que esse poder modifique, na psique dos indivíduos, a sua qualidade, passando de um poder externo a constituir um poder interno. Dessa forma, "as autoridades são interiorizadas como representações do poder externo; e o indivíduo age em conformidade com os preceitos e proibições do poder não mais unicamente por medo de punições externas, mas por medo da instância psíquica que ele construiu" (p. 168). Conclui Fromm: "o poder externo operante na sociedade aparece diante da criança educada em família na pessoa dos genitores (na família patriarcal, em particular na pessoa do pai)" (Canevacci, 1981, p. 168).

Depois de formado, o superego projeta-se na autoridade social e "essa projeção do superego nas autoridades impede, em grande medida, que elas sejam submetidas a uma crítica racional" (p. 169), uma vez que todo o poder do pai, na família, é formado segundo uma dinâmica não-racional. Por isso, a relação superego/autoridade é uma relação dialética, e tanto melhor serão mantidas a interiorização e a submissão ao poder externo quanto mais e melhor esse poder investir na manutenção de sua representação. Além disso, a sociedade deve manter sempre uma fina sintonia com a família, para que esta seja cada vez mais eficiente em sua função de estruturadora da vida psíquica do indivíduo, protótipo das relações a serem estabelecidas na idade adulta. Nesse contexto, a

> autoridade de que o pai desfruta no seio da família não é uma autoridade acidental, que é depois "complementada" pelas autoridades sociais; a própria autoridade do pai de família se funda, em última instância, na estrutura autoritária de toda a sociedade (Fromm, *apud* Canevacci, 1981, p. 172).

As idéias de Guattari (2000) vão ao encontro do que sugeriu Fromm. Diz ele:

> Tudo o que é produzido pela subjetivação capitalística – tudo o que nos chega pela linguagem, pela família e pelos equipamentos que nos rodeiam – não é apenas uma questão de idéia, não é apenas uma transmissão de significações por meio de enunciados significantes. Tampouco se reduz a modelos de identidade, ou a identificações com pólos maternos, paternos, etc. Trata-se de sistemas de conexão direta entre as grandes máquinas produtivas, as grandes máquinas de controle social e as instâncias psíquicas que definem a maneira de perceber o mundo (p. 27).

A autoridade dos pais é, dessa forma, fundamental para que se mantenha a ordem hegemônica; para legitimá-la, cria-se uma justificativa moral e religiosa capaz de sustentar um silenciamento, mesmo diante de atos de abuso da autoridade, gerando no imaginário popular a idéia de que a família é uma instituição sagrada e, por isso, inviolável. O "direito" dos pais sobre a pessoa do filho e o descrédito no sistema de justiça têm sido as principais justificativas para explicar o pequeno número de crimes de violência contra crianças registrados nos órgãos de defesa dos direitos das crianças, se comparado ao que se pressupõe existir na realidade.

Queremos, neste momento, levantar outra hipótese de justificativa para a omissão em casos de crime em família: trata-se da dificuldade para distinguir os espaços de vida privada e vida pública provocada, no mundo moderno, pelo surgimento de um outro espaço de vida: o social[13]. A esfera social, diz Arendt (1993), "é um fenômeno relativamente novo, cuja origem coincidiu com o surgimento da era moderna e que encontrou sua forma política no estado nacional" (p. 37). Decorre do surgimento desse novo espaço "a extraordinária dificuldade que [...] experimentamos em compreender a divisão decisiva entre as esferas pública e privada" (p. 37).

Apesar de já os gregos reconhecerem a natureza social do ser humano, a vida na Grécia organizava-se considerando apenas os espaços de vida privada e de vida pública; entre esses dois espaços havia uma nítida separação. A esfera privada consistia nas relações familiares e era decorrente das necessidades de sobrevivência. Por "família" (grega), diz Chauí (1996), entendiam-se "três relações fundamentais: a do senhor e o escravo, a do marido e a mulher, e a do pai e os filhos" (p. 357). Na família, o pai era "o senhor absoluto de suas propriedades móveis e imóveis, das pessoas que dele dependiam para sobreviver (escravos, mulher, filhos, parentes e clientes) e dos animais que empregava para manutenção de suas propriedades" (Chauí, 1996, p. 357).

Já a esfera pública era o espaço da vida política, da liberdade e da participação. A existência da *polis*, como espaço de vida política, sustentava a necessidade da família, pois, para que os homens pudessem participar da vida pública "suas necessidades tinham que estar satisfeitas". Assim, enquanto a família era constituída para satisfazer as necessidades humanas, a *polis* era "uma espécie de comunidade feita com uma finalidade precisa: permitir a vida boa ou justa ou feliz" (Chauí, citando Aristóteles, p. 357).

Comparando os espaços de vida pública e privada, Arendt (1993) diz:

[13]. Não pretendemos, aqui, descrever todas as hipóteses acerca desse problema. Outros autores apresentam opiniões diversas, como a que podemos encontrar em Caldeira (s.d.). Essa autora atribui o fenômeno à falta de reconhecimento, entre os brasileiros, dos direitos individuais.

> a polis diferenciava-se da família pelo fato de somente conhecer "iguais", ao passo que a família era o centro da mais severa desigualdade. Ser livre significava ao mesmo tempo não estar sujeito às necessidades da vida nem ao comando de outro e também não comandar. Não significava domínio, como também não significava submissão (p. 41).

A igualdade a que se refere Arendt, ao falar na *polis,* longe de ser sinônimo de uniformidade (como na atualidade), significava a possibilidade de participação, ao passo que na vida familiar a falta de restrições morais ou legais à prática de infanticídio (Postman, 1999), por exemplo, era um dos fatos que atestavam a desigualdade que existia entre seus membros. De forma contrastante, o poder paterno era limitado quando entrava em conflito com o interesse da cidade.

Na modernidade, a política é apenas uma função do Estado (e não mais o espaço independente e de liberdade como era para os gregos), porque

> com a ascendência da sociedade, isto é, a elevação do lar doméstico ou das atividades econômicas ao nível público, a administração doméstica e todas as questões antes pertinentes à esfera privada da família transformaram-se em interesse "coletivo" (Arendt, 1993, p. 42).

Dessa forma, a violência doméstica com fins educativos não entra em conflito com os interesses sociais; pelo contrário: ela desempenha o papel de tornar os corpos mais submissos, mais dóceis, como apontou Foucault (1987).

Ainda restam, afirma Arendt (1993), resquícios das civilizações antigas e, em determinados momentos, defende-se a privacidade do lar. Mas o termo "privacidade" torna-se sinônimo de "intimidade", embora significasse antes não poder participar da vida pública, como o próprio termo sugere: estar privado de algo. Atualmente, refere-se ao espaço da intimidade, do individualismo, o que dá sustentação a uma cultura de massa capaz de produzir

> indivíduos normalizados, articulados uns aos outros segundo sistemas hierárquicos, sistemas de valores, sistemas de submissão – não sistemas de submissão visíveis e explícitos, como na etologia animal, ou como nas sociedades arcaicas pré-capitalistas, mas sistemas de submissão muito mais dissimulados (Guattari e Rolnik, 2000, p. 19).

A função da família, como instituição normalizadora da conduta humana que se propõe impedir qualquer reação inusitada, qualquer atitude que possa ameaçar o *status quo*, é garantida pelo poder punitivo que existe na essência de todos os sistemas disciplinares, porque é pela punição que se excluem as condutas indesejadas (Foucault, 1987). Nesse sentido, a violência contra filhos adquire um papel social essencial na sociedade capitalista, ao adequar e treinar a submissão à autoridade dos pais, garantindo que os interesses da sociedade estejam sendo agenciados pelas esferas de vida privada.

A genealogia do poder: da violência física à disciplina

A punição em forma de castigos físicos talvez seja o método disciplinar mais conhecido e foi, até pouco tempo, um dos mais utilizados: "o padrão é familiar: se alguém não se comporta como você quer, castigue-o; se uma criança tem mau comportamento, espanque-a; se o povo de um país não se comporta bem, bombardeie-o" (Skinner, 2000, p. 198-9). Esse foi, quase com exclusividade, o método de caráter educativo utilizado por pais no trato com os filhos, principalmente até o século XVIII. A conclusão que podemos chegar após as várias referências consultadas (Ariès, 1981; Badinter, 1985; Postman; 1999 e Donzelot, 1986) é que a história da criança é marcada por muito sofrimento e humilhação. Lloyd deMause, por exemplo, comenta: "os dados que colhi sobre métodos de disciplinar as crianças levaram-me a crer que uma porcentagem muito alta das crianças de tempos anteriores ao século dezoito constituiria o grosso das 'crianças maltratadas' de hoje" (Postman, 1999).

No Brasil, foram os jesuítas que implantaram um estilo europeu de educação dos filhos baseado na prática de castigos corporais. Eles pregavam uma disciplina caracteristicamente rígida, com "gosto de sangue". Diziam que muito mimo fazia mal às crianças e que a correção era um gesto de amor (Del Priore, 1991 e 1999). Em suas cartas, os jesuítas narravam, com repugnância, o modo de tratamento que os índios dispensavam aos filhos:

> Nenhum gênero de castigo tem para os filhos; nem há pai, nem mãe que em toda a vida castigue nem toque em filho, tanto os trazem nos olhos. Em pequenos são obedientíssimos a seus pais e mães, e todos muito amáveis e aprazíveis; têm muitos jogos a seu modo, que fazem com muito mais festa e alegria que os meninos portugueses (Cardim, *apud* Guerra, 1998, p. 31.)

Outros livros guardam registros dessa história. Em *Casa grande e senzala*, Gilberto Freyre discorre sobre os tratamentos desumanos que as crianças recebiam dos senhores feudais. As crianças negras e escravas[14] sofriam ainda mais que as brancas, servindo de "saco de pancadas" para os filhos dos senhores. Com o passar do tempo, algumas práticas abusivas de castigos físicos adquiriram formas regionalizadas como a que existiu em Goiás, cuja prática consistia em colocar cacos de vidro no pescoço da criança quando ela fosse dormir, caso ela tivesse feito algum desagrado aos pais. Esse tipo de castigo só foi extinto após a morte de uma criança, descrita em texto literário por Cora Coralina (Azevedo, 1990). Vários outros fatos na história brasileira denunciam a violência sofrida pelas crianças, como a existência da Roda dos Expostos[15] e o alto índice de mortalidade infantil (Costa, 1989). Porém, todas essas práticas se encontravam em

[14]. Um rico trabalho sobre o modo de vida das crianças negras no Brasil Colônia é a dissertação de mestrado de Neves (1993) intitulada: "Infância de faces negras: a criança escrava brasileira no século XIX".

[15]. A Roda dos Expostos veio para o Brasil por influência de Portugal, no século XVIII, e tinha esse nome porque as crianças eram colocadas em rodas giratórias de modo que quem as recebia não identificava quem as estava deixando ali. Para saber mais sobre as rodas ler: Venâncio (1999) "Famílias abandonadas: assistência à criança de camadas populares no Rio de Janeiro e em Salvador – séculos XVIII e XIX".

consonância com o sentimento de infância que existia naquela época no Brasil, trazida tardiamente da Europa.

Em muitos países, ainda hoje o castigo corporal é bastante utilizado pelos pais. Youssef, Attia e Kamel (1998), usando diversas fontes, evidenciam uma realidade bastante expressiva. Em Santiago, no Chile, três quartos dos pais admite utilizar de punição física com seus filhos; nos Estados Unidos, 90% das crianças com aproximadamente 1 ano e meio sofrem punição corporal; e na Nova Zelândia, um terço dos pais também faz uso dessa prática. O estudo de Youssef, Attia e Kamel teve a pretensão de pesquisar a incidência de punição corporal em Alexandria-Egito. Tendo entrevistado 2.170 estudantes de escolas públicas, os resultados mostraram que mais de um terço desses estudantes foram disciplinados fisicamente. Na Itália, os resultados de uma pesquisa realizada por Bardi e Borgognini-Tarli (2001) concluíram que a punição física é um comportamento geral no trato com os filhos, apontando 77% em modalidade de castigos leves e 8% em castigos severos.

Resultados afins foram encontrados também em uma pesquisa, de nossa autoria, que trabalhou com os depoimentos de mães quanto às práticas educativas utilizadas com os filhos. Os resultados revelaram que, além de elas terem uma representação de maternidade associada à tarefa de cuidado e educação dos filhos, "brigar e dar tapas", em número significativo, era a prática educativa mais adotada (Amaral e Rosa, 1998). Resultados de várias outras pesquisas, assim como reflexões acerca da história da violência contra crianças, podem ser encontrados em Westphal (2002), que reuniu trabalhos apresentados no primeiro Seminário Internacional "Violência e Criança".

Na literatura, a violência contra a criança é classificada em quatro modalidades: física, sexual, psicológica e negligente[16]. Apesar da dificuldade de conceituação, não há divergência sobre a consideração da violência física como duas modalidades de castigos corporais: os castigos cruéis e pouco usuais e os castigos que resultam em ferimen-

[16]. A definição de cada uma dessas modalidades de violência pode ser encontrada no livro *Violência de pais contra filhos: a tragédia revisitada*, de Viviane Nogueira de Azevedo Guerra , 1998.

tos. No primeiro caso estão os castigos extremos e inapropriados à idade e compreensão da criança, e no segundo estão o bater de forma descontrolada e com instrumentos contundentes (Santos, 1987). Mas essa conceituação traz, de um lado, dificuldades inerentes ao que se considera "castigos imoderados" ou "inapropriados" e, de outro, inquietação de alguns órgãos de defesa dos direitos das crianças, que consideram qualquer tipo de castigo físico ou violência.

Motivados por esse entendimento, pesquisadores da Universidade de São Paulo lançaram a campanha "Palmada Deseduca". Entre suas ações constava o encaminhamento, ao Congresso Nacional, do projeto de lei propondo uma alteração no Estatuto da Criança e do Adolescente, que incluía o "tapa" ou a "palmada" na categoria de crimes, prevendo que a intervenção estatal, em princípio, seria ao nível de advertência[17]. Essa idéia foi fortalecida pela constatação de que o "tapa" já é uma prática proibida em países como Finlândia, Suécia, Dinamarca, Chipre, Letônia, Áustria, Croácia e Noruega, estando em processo de proibição também em outros países.

O que a realidade brasileira evidencia é que leis, por si sós, não conseguem controlar as práticas de crimes, principalmente, no lar. Uma das principais causas desse fenômeno, já vistas na explanação que contemplou a teoria sobre a família, pode ser resumida numa frase de Adorno e Horkheimer: "não haverá emancipação da família sem emancipação da totalidade social", ou seja, não erradicaremos a violência da família sem emancipar a sociedade de sua forma de organização sustentada pelas diferenças sociais. Outra razão para a não-efetivação dos direitos da criança e do adolescente, em particular o direito de viver sem sofrer violência, acreditamos estar na forma de o Estado intervir nesses casos, questão específica que pretendemos trazer à luz neste estudo.

A transformação no controle das crianças e nos métodos de educação utilizados pelos adultos acompanhou as transformações na prática de castigos adotados pelo sistema penal. Foucault (1987), em *Vigiar e punir*, relata as cerimônias públicas nas quais castigavam-

17. Conforme Cacilda Paranhos, psicóloga e pesquisadora da USP, coordenadora da campanha em artigo intitulado "Palmada fora-da-lei" na revista *Superpolêmica*, de fevereiro de 2001.

se fisicamente os culpados por algum crime. Tais cerimônias foram adotadas na Europa até por volta do século XVIII, fundamentando-se na filosofia de que o culpado por um crime deveria passar por um sofrimento igual ou maior àquele imposto a outra pessoa. Tornadas públicas, as cenas deveriam servir como exemplo para outras pessoas sobre as conseqüências do ato delinqüente.

No fim do século XVII, a prática de suplícios públicos foi se transformando em penas ocultas ao olhar público, e foi a partir da necessidade de lugares reservados para o cumprimento das penas que surgiram as penitenciárias. A partir de então, a pena não tinha mais sua ênfase no caráter reparador do dano, mas na prevenção de novas ocorrências: "Punir não será então uma arte dos efeitos; mais que opor a enormidade da pena à enormidade da falta, é preciso ajustar uma à outra as duas séries que seguem o crime: seus próprios efeitos e os da pena" (Foucault, 1987, p. 79). Conseqüentemente, o alvo principal dos castigos não era mais o "corpo", no seu aspecto físico, e sim a "alma"; por isso, a punição passava a ser aplicada ao culpado objetivando que ele se transformasse em uma "boa pessoa", ou seja, permitindo corrigir seu caráter. O corpo continuava sendo o *locus* da disciplina, mas não mais para supliciá-lo, mutilá-lo, e sim para aprimorá-lo, adestrá-lo (Machado, 2000).

Assim, a disciplina adquiriu a função de normalizar o indivíduo quando passou a evidenciar as diferenças que segmentavam os indivíduos numa hierarquia valorativa desde o "bom" até o "mau". Era preciso tratar dos corpos antes de eles chegarem à condição de desviantes, por isso criou-se toda uma forma de interferência disciplinar na conduta do indivíduo, na forma de violações disfarçadas, escondidas e "tecnicamente pensadas". Para atingir o objetivo de prevenção às desordens na sociedade e para garantir o efetivo cumprimento das normas sociais, por exemplo, desenvolveram-se

> métodos que permitem o controle minucioso das operações do corpo, que realizam a sujeição constante de suas forças e lhes impõem uma relação de docilidade-utilidade, são o que podemos chamar de as "disciplinas". Muitos processos disciplinares existem há muito tempo: nos conventos, nos exércitos, nas oficinas também. Mas as disciplinas se tornaram no decorrer

> dos séculos XVII e XVIII fórmulas gerais de dominação. (Machado, 2000, p. 118).

O que Foucault pretendeu mostrar em suas análises foi "que a dominação capitalista não conseguiria se manter se fosse exclusivamente baseada na repressão" (Machado, 2000, p. 15), por esse motivo, a disciplina desvinculou-se da idéia de ser uma forma exclusiva de violência e passou a ter um caráter também positivo (para o capitalismo), na medida em que fabricava corpos dóceis e submissos. O novo método disciplinar ocupava espaços de dominação inéditos, diferenciando-se das formas de dominação até então vigentes, como a escravidão, a domesticidade, a vassalidade, o ascetismo; e das disciplinas do tipo monástico, "pois não se fundamentam numa relação de apropriação dos corpos" ou numa "relação de dominação constante, global, maciça, não-analítica, ilimitada e estabelecida sob a forma da vontade singular do patrão, seu 'capricho' [...]" (Foucault, 1987, p. 118).

> O momento histórico das disciplinas é o momento em que nasce uma arte do corpo humano, que visa não unicamente ao aumento de suas habilidades, nem tampouco a aprofundar sua sujeição, mas à formação de uma relação que no mesmo mecanismo o torna mais obediente quanto é mais útil, e inversamente. Formase então uma política das coerções que são um trabalho sobre o corpo, uma manipulação calculada de seus elementos, de seus gestos, de seus comportamentos (Foucault, 1987, p. 119).

Todo esse processo implicou mudanças também na família, na relação entre seus membros e na forma de exercício do poder dos pais. Na família burguesa, diz Bruschini (1993, p. 53), "o padrão emocional é definido pela autoridade restringida aos pais, profundo amor parental pelos filhos, uso de ameaças de retirada de amor, a título de punição, em vez de castigos físicos".

Sendo uma "anatomia política do detalhe" (Foucault, 1987, p. 120), a disciplina dispõe de formas bastante estratégicas de controle da conduta. A primeira delas diz respeito às distribuições dos espaços. Para sua maior eficiência, a disciplina dispõe os indivíduos em espaços arquitetonicamente planejados, distintos e unitários, controláveis por uma pessoa. A casa é dividida em cômodos para individualizar e fragmentar, assim como nos conventos e nos hospitais. Os leitos são as unidades desses recintos onde o homem habitará, desenvolvendo uma nova individualidade fundamentada na reflexão e no recolhimento, bem diferente da individualidade da vida pública da *Polis* que surgia na relação do homem com os outros homens, ao exercitar o pensamento político a respeito dos interesses da comunidade.

A segunda estratégia é a do controle das atividades a partir da utilização de uma "política do tempo". Nela, as atividades são reguladas cronologicamente, pelo ritmo, e o corpo passa a obedecer a uma lógica da eficiência: realizar os atos na maior rapidez e com o máximo de eficiência. Dessa forma, a disciplina "aumenta as forças do corpo (em termos econômicos de utilidade) e diminui essas mesmas forças (em termos políticos de obediência)" (Foucault, 1987, p. 119); os efeitos da disciplina vieram, então, a consolidar o comportamento humano necessário para fortalecer o capitalismo. Ao mesmo tempo, o capitalismo reforçava o disciplinamento na família e na escola, para depois desfrutá-lo na empresa. Como escreve Lawrence Stone: "um efeito do capitalismo industrial foi dar apoio aos aspectos penais e disciplinares da escola, que eram vistos por alguns, antes de mais nada, como um sistema para dobrar a vontade da criança e condicioná-la ao trabalho rotineiro nas fábricas" (*apud* Postman, 1999, p. 67).

Nessa nova técnica disciplinar,

> toda a atividade do indivíduo disciplinar deve ser repartida e sustentada por injunções cuja eficiência repousa na brevidade e na clareza; a ordem não tem que ser explicada, nem mesmo formulada; é necessário e suficiente que provoque o comportamento desejado. Do mestre de disciplina àquele que lhe é sujeito, a relação é de sinalização: o que importa não é compreender a injunção, mas perceber o sinal, reagir logo a ele, de acordo com um código mais ou menos artificial estabelecido previamente (Foucault, 1987, p. 140).

É assim que se opera a disciplina familiar. No "castigo", por exemplo, geralmente impõe-se à criança um restrito espaço físico, imobilizando-a por algum tempo para que "pense no que fez", como se pudesse haver libertação numa solução extraída do próprio problema. Isso evidencia que a intimidade, tal como a do mundo moderno ou pós-moderno, leva o sujeito a emancipar-se por meio da sua própria condenação, sujeitando-se ao modelo hegemônico de dominação, em primeira instância na esfera doméstica, obedecendo aos pais, e, mais tarde, a todo poder imposto pela classe dominante. Esse processo de individualidade gera o que Giddens chamou de "seqüestro da experiência individual" (Tassara, 1998) e sustenta, conseqüentemente, que a subjetividade seja fabricada e modelada no registro do social.

A disciplina, conclui Foucault (1987), objetiva "colocar os corpos num pequeno mundo de sinais a cada um dos quais está ligada uma resposta obrigatória e só uma" (p. 140); dispondo para isso de uma técnica de treinamento "que exclui despoticamente em tudo a menor representação, e o menor murmúrio" (Léon Faucher, *apud* Foucault, 1987, p. 140), como um soldado disciplinado que começa a executar o que quer que lhe seja ordenado com uma obediência pronta e cega.

A função normalizadora exercida pela família é garantida pelo poder punitivo que existe na essência de todos os sistemas disciplinares, porque é pela punição que se excluem as condutas indesejadas. O poder punitivo é uma espécie de pequeno tribunal, "com suas leis próprias, seus delitos especificados, suas formas particulares de sanção, suas instâncias de julgamento" (Foucault, 1987, p. 149). Isso garante que os interesses da sociedade estejam sendo agenciados pelas esferas de vida privada. Ainda nas palavras de Foucault, "a disciplina traz consigo uma maneira específica de punir, e que é apenas um modelo reduzido do tribunal. O que pertence à penalidade disciplinar é a inobservância, tudo o que está inadequado à regra, tudo o que se afasta dela, os desvios" (p. 149).

Uma pesquisa realizada por Plynn (1998) confirma esse papel da punição. Ele examinou a opinião de estudantes colegiais americanos sobre a idade e os motivos mais suscetíveis à punição física. Aos 285 estudantes, sujeitos da pesquisa, foram apresentadas as seguintes situações de comportamento infantil: 1) ignorar solicitação de arrumar o quarto; 2) atravessar a rua sem olhar para os lados; 3) pegar alguma coisa dos outros; 4) comportar-se mal em público; 5) falar mal dos pais; e 6) bater em um colega. As faixas etárias apresentadas foram: 3-4 anos, 7-8 anos e 11-12 anos.

O autor chegou à seguinte conclusão: os estudantes são favoráveis à punição corporal de crianças, mas a aplicação de tal prática depende do tipo de comportamento e da idade da criança. Crianças na faixa etária de 7-8 anos foram as mais citadas como merecedoras de castigo nos cinco primeiros tipos de comportamento. A explicação para o resultado obtido ancora-se na expectativa dos sujeitos de que crianças nessa faixa etária já são suficientemente crescidas, podendo evitar esses comportamentos e, ao mesmo tempo, para outros, são consideradas ainda pequenas, com possibilidade de serem corrigidas.

O comportamento mais apontado como motivo para a utilização da correção corporal, independente da faixa etária, foi "pegar alguma coisa dos outros". Esse resultado sugere pensar que a prática de punição física está intimamente ligada ao desejo e à necessidade dos pais de adaptarem seus(suas) filhos(as) às normas da sociedade, evitando os desvios.

> Em certo sentido, o poder de regulamentação obriga à homogeneidade, mas individualiza, permitindo medir os desvios, determinar os níveis, fixar as especificidades e tornar úteis as diferenças, ajustando-as umas às outras. Compreende-se que o poder da norma funcione facilmente dentro de um sistema de igualdade formal, pois dentro de uma homogeneidade que é a regra, ele introduz, como um imperativo útil e resultado de uma medida, toda a gradação das diferenças individuais. (Foucault, 1987, p. 154, grifos nossos). Daí decorre a necessidade de leis para que transpareça a igualdade entre as pessoas, uma certa "igualdade baseada no conformismo inerente à sociedade" (Arendt, 1993, p. 51).

Refletindo sobre o poder existente na sociedade moderna, Souza Santos (1999) apresenta-nos uma proposta de organização das sociedades capitalistas em espaços estruturais de produção de poder que se articulam de maneira específica. Sua proposta é uma via intermediária entre a concepção liberal e a concepção foucaultiana de organização das formas de poder social, como podemos ver no quadro a seguir.

Daí decorre a necessidade de leis para que transpareça a igualdade entre as pessoas, uma certa "igualdade baseada no conformismo inerente à sociedade" (Arendt, 1993, p. 51).

Refletindo sobre o poder existente na sociedade moderna, Souza Santos (1999) mostra-nos uma proposta de organização das sociedades capitalistas em espaços estruturais de produção de poder que se articulam de maneira específica. Sua proposta é uma via intermediária entre a concepção liberal e a concepção foucaultiana de organização das formas de poder social, como podemos ver no quadro a seguir.

Quadro 1 - Mapa estrutural das sociedades capitalistas

Componentes elementares / Espaços estruturais	Unidade de prática social	Forma institucional	Mecanismo de poder	Forma de direito	Modo de racionalidade
Espaço doméstico	Sexos e gerações	Família, casamento e parentesco	Patriarcado	Direito doméstico	Maximização da afetividade
Espaço da produção	Classe	Empresa	Exploração	Direito de Produção	Maximização do lucro
Espaço da Cidadania	Indivíduo	Estado	Dominação	Direito territorial	Maximização do lealdade
Espaço Mundial	Nação	Contratos, acordos e organizações Internacionais	Troca desigual	Direito sistemático	Maximização da eficácia

Fonte: Souza Santos, 1999, p. 125.

Enquanto a teoria foucaultiana aponta para uma multiplicidade de formas de poder em circulação na sociedade sem, no entanto, determinar a especificidade de cada uma nem a hierarquia entre elas, a concepção liberal estabelece uma diferença entre o poder político-jurídico e outras formas de poder: ele é exercido pelo Estado e "todas as outras formas de poder, na família, nas empresas, nas instituições não-estatais são diluídas no conceito de relações privadas e de concorrência entre interesses particulares" (Souza Santos, 1999, p. 124). Distintamente das duas visões, Souza Santos elabora quatro espaços estruturais que "não são obviamente os únicos espaços-tempos que vigoram ou circulam na sociedade, mas todos os demais representam, no essencial, combinações diversas entre os quatro conjuntos de relações sociais paradigmáticas" (p. 125). Detalharemos aqui, tal qual o autor expõe, somente dois espaços que, em especial, nos interessam: o espaço doméstico e o espaço da cidadania:

> O espaço doméstico é constituído pelas relações sociais (os direitos e os deveres mútuos) entre os membros da família, nomeadamente entre o homem e a mulher e entre ambos (ou qualquer deles) e os filhos. Neste espaço a unidade de prática social são os sexos e as gerações, a forma institucional é o casamento, a família e o parentesco, o mecanismo de poder é o patriarcado, a forma de juridicidade é o direito doméstico (as normas compartilhadas ou impostas que regulam as relações quotidianas no seio da família) e o modo de racionalidade é a maximização do afeto [...]. O espaço da cidadania é constituído pelas relações sociais da esfera pública entre cidadãos e o Estado. Neste contexto a unidade da prática social é o indivíduo, a forma institucional é o Estado, o mecanismo de poder é a dominação, a forma de juridicidade é o direito territorial (o direito oficial estatal, o único existente para a dogmática jurídica) e o modo de racionalidade é a maximização da lealdade (p. 126).

A proposta de Souza Santos não contradiz, até onde pudemos perceber, a de Foucault. Ela se diferencia ao apresentar uma forma mais específica e detalhada da distribuição do poder na sociedade e, como ele mesmo a avaliou, "permite mostrar que a natureza política do poder não é um atributo exclusivo de uma determinada forma de poder. É, antes, o efeito global da combinação entre as diferentes formas de poder" (Souza Santos, 1999, p. 127).

Considerando a distinção proposta por Souza Santos entre o espaço doméstico e o espaço da cidadania, vimos como os mecanismos de poder (ou seja, o "patriarcado" e a "dominação") se relacionam. Cabe-nos, agora, analisar como esses espaços articulam-se no nível institucional, de forma específica, em casos de ingerência do Estado na família, quando da ocorrência de violência, uma vez que o Estado tem a função de aplicar o Direito. Antes, porém, de determonos sobre a compreensão da relação família-Estado, podemos nos ocupar da seguinte questão: todo exercício do poder é uma forma de violência?

Ampliando o significado da violência doméstica

Em *Sobre a violência*, Arendt (1994) distingue cinco palavras que, muitas vezes, costumamos usar como sinônimas: "poder", "vigor", "força", "autoridade" e "violência". "Poder", diz ela, "corresponde à habilidade humana não apenas para agir, mas para agir em concerto. O poder nunca é propriedade de um indivíduo; pertence a um grupo e permanece em existência apenas na medida em que o grupo conserva-se unido" (p. 36). O "vigor", como entidade individual, é definido como "a propriedade inerente a um objeto ou pessoa e pertence ao seu caráter, podendo provar-se a si mesmo na relação com outras coisas ou pessoas, mas sendo essencialmente diferente delas" (p. 37). Já "força", termo destacado pela autora como o sinônimo de "violência" mais utilizado no discurso cotidiano, "deveria ser reservado, na linguagem terminológica, às 'forças da natureza' ou 'à força das circunstâncias', isto é, deveria indicar a energia liberada por movimentos físicos ou sociais" (p. 37). A "autoridade" pode ser investida em pessoas ou postos hierárquicos e "sua insígnia é o reconhecimento inquestionável por aqueles a quem se pede que obedeçam; nem a coerção nem a persuasão são necessárias" (p. 37). Finalmente, a *violência* distingue-se de todos os demais termos pelo seu caráter instrumental, estando "próxima do vigor, posto que os implementos da violência, como todas as outras ferramentas, são planejados e usados com o propósito de multiplicar o vigor natural até que, em seu último estágio de desenvolvimento, possam substituí-lo" (p. 37).

Refletindo sobre a relação entre poder e violência, concluímos que para Arendt não é a violência que gera o poder, pelo contrário, ela aparece quando o poder está ameaçado: poder e violência são opostos; onde um domina absolutamente, o outro está ausente. Distinguindo "poder" de "violência", a filósofa alemã diz: "uma das mais óbvias distinções entre o poder e violência é a de que o poder sempre depende dos números, enquanto a violência, até certo ponto, pode operar sem eles, porque se assenta em implementos" (p. 35). Ela ainda complementa: "A forma extrema do poder é o Todos contra Um, a forma extrema de violência é o Um contra Todos" (p. 35).

A violência pode ser justificada, mas nunca será legítima, diz Arendt. O poder sim, esse é legítimo, e a mais simples forma de legitimação é o voto. A violência pode ser justificada porque traz queixas à atenção pública; denuncia uma ausência de diálogo e, em última instância, reclama a falta de cidadania. A burocratização da vida pública implica uma atração à violência, pois em uma burocracia plenamente desenvolvida não há ninguém a quem se possa inquirir, a quem se possam apresentar queixas, sobre quem exercer as pressões do poder: "A burocracia é a forma de governo na qual todas as pessoas estão privadas da liberdade política, do poder de agir; pois o domínio de Ninguém não é um não-domínio, e onde todos são igualmente impotentes temos uma tirania sem tirano" (Arendt, 1994, p. 59).

A "violência", na concepção arendtiana, não se basta a si, ela sozinha não leva a nada. Por ser de natureza instrumental, ela necessita de justificativa, mas

> sua justificação perde em plausividade quanto mais o fim almejado distancia-se no futuro. Ninguém questiona o uso da violência em defesa própria porque o perigo é não apenas claro, mas também presente, e o fim que justifica os meios é imediato (Arendt, 1994, p. 41).

Uma das justificativas para a violência, conforme Arendt, dá-se quando ela é utilizada em legítima defesa. A violência é justificada quando se constitui uma ameaça ao corpo político ou "na geração do poder político, ou fundação de um novo corpo político, manifestado sobretudo nos atos de guerra e de revolução"

(Santos, 1998, p. 29), ou seja, na destruição de velhos poderes, objetivando a instituição de novos.

Baseando-nos nas proposições de Arendt, podemos dizer que a violência doméstica não é uma prática justificável, porque não se enquadra em nenhuma das possibilidades acima apresentadas. Podemos, então, afirmar que toda explicação cujo intento seja justificar a violência doméstica não passará de um mascaramento de seus verdadeiros objetivos, encobrindo a real possibilidade de sua extinção.

A violência doméstica pode, contudo, ser considerada legítima em algum contexto? De acordo com a perspectiva arendtiana sim, porque a legitimação é fruto do consenso da população: se, ao longo do tempo, a prática disciplinar caracterizada por castigos físicos foi adotada sem restrição na relação adulto e criança, então podemos concluir que ela foi legitimada. Sendo legitimada, ela constituiu um poder sustentado em manifestações de apoio popular. Tal como declara o velho adágio, "todo poder emana do povo".

Finalmente,

> ao procurar investigar a natureza e as causas da violência, Arendt conclui pela não-irracionalidade, nem bestialidade da violência. Para Arendt, a violência é um fenômeno cultural que advém da tentativa de arrancar as máscaras da hipocrisia e da mentira, e da consciência de uma injustiça praticada (Santos, 1998, p. 28).

Dessa forma, "a violência teria um papel retórico a desempenhar, dramatizando queixas e trazendo-as à atenção pública, visando alcançar objetivos a curto prazo e assim operar reformas em uma ordem política dada" (Santos, 1998, p. 29). Quanto menor a liberdade (entendida na visão arendtiana como participação nas coisas públicas, ou admissão ao mundo político), mais queixas necessitam ocupar a esfera pública.

O caráter emancipatório da violência não é visualizado, porque

> o exercício da violência externa e concretamente visual é, não raro, estimulado ou destacado diurnamente, precisamente para banalizá-la e, com isso, embargar ou bloquear o pensamento

> analítico e o discurso crítico a respeito das bases sociais e difusas onde deitam as verdadeiras raízes da violência externa (Alves, 1998, p. 251-3).

Nessa produção cultural mascaradora, encontra-se grande parte dos estudos sobre a violência doméstica contra crianças, que têm enfocado a questão somente no âmbito das relações privadas, ou seja, das relações familiares. Tal postura tem, de certa forma, feito com que as contribuições dessa área do conhecimento quase não passem do mero diagnóstico do problema, de um lado culpabilizando os pais e, de outro, sugerindo "receitas" de como viver melhor com os filhos ou, ainda, apresentando ao governo "modelos" de atendimento destinados a essa parcela da população. De qualquer forma, descontextualiza-se a violência doméstica de sua produção social, ao mesmo tempo em que se enaltece a família-fetiche. Por isso, não é infundada a crítica que vêm recebendo esses tipos de trabalhos, principalmente dos psicólogos defensores dos direitos humanos e estudiosos da violência política. O que é preciso perceber, porém, é que isso não se dá somente nos âmbitos acadêmicos nem somente quando se trata da violência doméstica.

> Vivemos, no Brasil, uma situação paradoxal: de um lado, grita-se contra a violência e pede-se um retorno à "ética" e, de outro, são produzidas imagens e explicações para a violência tais que a violência real jamais possa de tornar visível e compreensível (Chauí, 1999, p. 3).

Conforme Chauí (1999), quatro são os dispositivos responsáveis para que a violência real fique oculta:

> 1) um dispositivo jurídico, que localiza a violência apenas no crime contra a propriedade e contra a vida; 2) um dispositivo sociológico, que considera a violência um momento de anomia social, isto é, como um momento no qual grupos sociais "atrasados" ou "arcaicos" entram em contato com grupos "modernos", e "desadaptados"; 3) um dispositivo de exclusão, isto é, a distinção entre um "nós brasileiros não-violentos" e um

> "eles violentos"; 4) um dispositivo de distinção entre o essencial e o acidental: por essência, a sociedade brasileira não seria violenta e, portanto, a violência é apenas um acidente na superfície social sem tocar em seu fundo essencial não-violento [...]. (p. 3)

Em virtude desse último dispositivo, comenta Chauí, os meios de comunicação costumam referir-se à violência com as palavras "surto", "onda", "epidemia", "crise", ou seja, termos que indicam um fenômeno anômalo, passageiro e acidental.

> Dessa forma, as desigualdades econômicas, sociais e culturais, as exclusões econômicas, políticas e sociais, o autoritarismo que regula as relações sociais, a corrupção como forma de funcionamento das instituições, o racismo, o sexismo, as intolerâncias religiosa, sexual e política, não são consideradas formas de violência, isto é, a sociedade brasileira não é percebida como estruturalmente violenta e por isso a violência aparece como um fato esporádico superável (p. 3).

Nesse contexto, queremos ressaltar a definição de violência como:

> 1) tudo o que age usando a força para ir contra a natureza de algum ser (é desnaturar); 2) todo ato de força contra a espontaneidade, a vontade e a liberdade de alguém (é coagir, constranger, torturar, brutalizar); 3) todo ato de violação da natureza de alguém ou de alguma coisa valorizada positivamente por uma sociedade (é violar); 4) todo ato de transgressão contra o que alguém ou uma sociedade define como justo e como um direito (Chauí, 1999, p. 3.)

Acatando essa definição dada por Chauí, amplia-se o entendimento sobre violência e a magnitude desse fenômeno em nossa sociedade. Mas, *grosso modo*, a violência "constitui-se na intervenção física de um indivíduo ou grupo contra outro indivíduo ou grupo..." (Alves, 1998, p. 247), com o agravante de que se "pressupõe, em tese, que a intervenção seja voluntária ou intencional por parte do agente que a exerce, apesar da emotividade que pode acompanhar".

Sabemos, porém, que o Direito prescreve outras modalidades de violência; muitas, contudo, não têm nem sequer padrões sob os quais os exames postos à disposição pela ciência possam constituir provas, como, por exemplo, a violência psicológica.

Analisando comparativamente os dois modelos descritos de conceituação da violência, vemos que no primeiro, elaborado por Chauí, a ética distingue-se completamente da violência, enquanto no segundo, elaborado por Alves, a violência tem uma dimensão ética porque a intenção de praticar o ato é condição necessária da violência.

Chauí (1999), defendendo a natureza distinta da ética, argumenta que pensar em uma solução para a violência como um "retorno à ética" significa pressupor que esta é um elemento que, estando sempre pronto e disponível em algum lugar, pode ser perdido ou recolhido periodicamente. Esse enfoque da ética tem três sentidos principais:

> aparece, primeiro, como reforma dos costumes e restauração de valores passados, e não como análise das condições presentes de uma ação ética [...] a seguir, surge como multiplicidade de "éticas" (ética política, ética familiar, ética escolar, ética de cada categoria profissional, ética do futebol, ética da empresa), portanto desprovida de qualquer universalidade e entendida como competência específica de especialistas (as comissões de ética). [...] A esses dois sentidos, acrescenta-se um terceiro, no qual a ética é entendida como defesa humanitária dos direitos humanos contra a violência, isto é, tanto como comentário indignado contra a política, a ciência, a técnica, a mídia, a polícia e o Exército, quanto como atendimento médico-alimentar e militar dos deserdados da terra (p. 3).

Sustentando-se por um tal discurso, a solução para a violência é remetida para as relações interpessoais que, fazendo uma escolha por serem éticas, podem ser capazes de não se estabelecer pela violência. Sendo assim, a ética "não só se confunde com a compaixão como ainda permanece cega às condições materiais da sociedade contemporânea" (Chauí, 1999, p. 3). Por fim, Chauí condena essa concepção de "retorno à ética" como alternativa de solução para a violência por ser uma "ideologia duplamente perversa", porque, "em vez de a ação reunir os seres humanos em torno de idéias e práticas positivas de liberdade e felicidade, ela os reúne pelo consenso sobre o mal" (p. 3). É dessa forma que o estudo da violência doméstica, não apontando para sua dimensão de constituição política, pode consolidar uma sociedade injusta, não só por não denunciar sua natureza política, mas por propor soluções ideológicas também perversas.

Uma outra conseqüência da conceituação apresentada por Alves (1998) é que ela desqualifica algumas ações da própria violência, dada a associação, quando do seu julgamento, à intenção de quem a pratica. "A intervenção física, na qual a violência consiste de forma inequívoca", afirma Alves, "tem por finalidade coagir, para destruir, ofender e causar dano a si mesmo ou a outrem. Se a intervenção física não tiver como fim essa ofensa, destruição ou dano, não se pode considerá-la como violência" (p. 248). Tal concessão à prática da violência invalida outra característica legal da tipificação da violência: quando a intervenção é exercida contra a vontade da vítima. Isso acontece, por exemplo, quando há uma ação médica emergencial.

> Nessa hipótese, pode-se exercer uma intervenção física sem o consentimento do paciente, e esta ação não é considerada uma violência. Não o é porque não se tem em mira o prejuízo, a tortura ou a destruição, mas, pelo contrário, a cura, o bem, o salvamento (Alves, 1997, p. 242, grifos nossos).

Nesse argumento jurídico ancora-se um dos mais eficazes argumentos para não considerar violência os castigos aplicados aos filhos. O argumento "sugere a possibilidade de se exercer uma violência não condenável, uma violência exercida de modo 'justo'" (p. 249). Ou seja: justifica-se algo que, por sua natureza, não é justificável.

Concluímos então que a aplicação do Direito, tal como está fundamentada quanto ao que caracteriza um ato violento, não consegue abarcar situações como a violência doméstica, muito menos situações de violência institucionalizada. Não obstante, essas duas categorias de violência devem manter uma estreita relação, uma vez que estão à margem dos possíveis enquadramentos legais quanto aos danos que vêm causando: ambas são necessárias para manter o *status quo*, na medida em que reproduzem relações interpessoais *reificadas*.

O ESTADO E A LEI

Ai dos que decretam leis injustas e dos escravos que escrevem perversidades; para privarem da justiça os necessitados, e arrebatarem o direito aos aflitos do meu povo.

Isaías, 1:17.

A aplicação do Direito

Este capítulo objetiva descrever as formas que o Estado dispõe para interferir nos casos de delito, destacando sua evolução histórica e culminando na exposição do raciocínio utilizado na atualidade, quando da aplicação da lei. Souza Santos (1999) destaca que o debate oitocentista a respeito do direito

> polariza-se entre os que concebem o direito como o indicador privilegiado dos padrões de solidariedade social, garante da decomposição harmoniosa dos conflitos por via da qual se maximiza a integração social e realiza o bem comum, e os que concebem o direito como expressão última de interesses de classe, um instrumento de dominação econômica e política que por via de sua forma enunciativa (geral e abstrata) opera a transformação ideológica dos interesses particularísticos da classe dominante em interesse coletivo universal (p.162).

Ainda conforme Souza Santos, foi a obra de Ehrlich (1929; 1967), com o tema da criação judiciária do direito, que forneceu as pré-condições teóricas da transição para uma nova visão sociológica do direito, ao deslocar a questão da "normatividade do direito dos enunciados abstratos da lei para as decisões particulares do juiz" (Souza Santos, 1999, p. 163), dando origem a uma nova visão centrada nas dimensões processuais, institucionais e organizacionais do direito. Nessa mesma direção, *Economia e sociedade*, famosa obra de Max Weber publicada nos anos de 1920, deu uma grande contribuição ao apoiar sua análise no pessoal especializado encarregado da aplicação das normas jurídicas. Segundo Weber (*apud* Souza Santos, 1999), o que caracteriza o direito das sociedades capitalistas e o distinguia do direito das sociedades anteriores era o construir um monopólio estatal administrado por funcionários especializados segundo critérios dotados de racionalidade formal, assente em normas gerais e abstratas aplicadas a casos concretos por via de processos lógicos controláveis, uma administração em tudo integrável no tipo ideal de burocracia por ele elaborado (p. 163).

No decorrer da história, a sociologia dos tribunais privilegiou alguns temas da temática judiciária, como o acesso à justiça, sua administração como instituição política e profissional, os conflitos sociais e os mecanismos de sua resolução. O estudo da administração da justiça, como instituição política e profissional, teve, pelo menos, duas conseqüências importantes: "Por um lado, colocou os juízes no centro do campo analítico" (Souza Santos, 1999, p. 173), e disso decorreu que a análise de seus comportamentos, as decisões e suas motivações passaram a ser correlacionadas à "origem de classe, à formação profissional, à idade ou sobretudo à ideologia política e social dos juízes" (p. 173). Outra conseqüência consistiu em "desmentir por completo a idéia convencional da administração da justiça como uma função neutra protagonizada por um juiz apostado apenas em fazer justiça acima e eqüidistante dos interesses das partes" (p. 173).

Conforme Perelman (2000), durante séculos, a justiça primitiva foi condicionada por uma escrupulosa conformidade a fórmulas sacras, assim como, durante séculos, recorreu-se a provas como forma de resolução de conflitos. Isso atestava que "o justo, para o Direito, confundia-se com o piedoso e o sagrado" (p. 15), como veremos nos episódios descritos por Foucault.

Foucault (1999) demonstrou que as formas jurídicas utilizadas, em princípio pelos gregos e posteriormente pela maior parte dos participantes da civilização ocidental, para buscar desvendar determinadas verdades passaram, a partir da Idade Média, a ser a própria produção da verdade. Isso significa que a ação do inquérito passa de uma investigação do delito, e da forma como o sujeito está envolvido nesse delito, para uma "produção" do autor do delito.

A mudança intensificou-se, de forma mais perceptível, a partir da Idade Média, quando o exame tornou-se uma forma privilegiada de inquérito desempenhada pelos profissionais da área social e da saúde. Aliadas ao conhecimento, as formas jurídicas passaram a sustentar-se pelo poder daqueles que conquistaram o posto de "porta-vozes" de um conhecimento que servia para sustentar o sistema capitalista que surgia nessa época.

Na atualidade, a atuação do sistema de justiça pode ser dividida em duas partes que se integram no processo:

> por um lado [...] os procedimentos técnicos [...[cuidam de selecionar quais são os elementos que melhor permitem a classificação do crime ocorrido. Nesse sentido produzem-se os laudos médicos, perícias e as folhas de antecedentes criminais. [...] Por outro lado, [...] os procedimentos para a apuração da culpa ou da inocência [...] [valorizando] os depoimentos dos protagonistas e sua apropriação pelos agentes jurídicos (Izumino, 1998, p. 223).

Veremos, a partir de agora, algumas características dessas partes.

O inquérito

O inquérito policial é a primeira ação de que o Estado dispõe para investigar um delito, não constituindo ainda uma ação penal. Na literatura consta que o inquérito "é um procedimento preliminar ou preparatório da ação penal" (Rocha, 2000, p. 25), servindo como "garantia contra apressados e errôneos juízos, que poderiam advir no momento de trepidação moral causada pela proximidade do fato delituoso" (p. 25).

Sempre que um fato criminoso é comunicado à polícia, ela deve determinar a abertura de um inquérito que se inicia com a portaria da autoridade policial ou com o auto de prisão em flagrante, e termina com o relatório do delegado. "Será sempre escrito, dele fazendo parte certidões, mandados, elementos de prova, etc., o que se convencionou chamar de autos do inquérito policial" (Rocha, 2000, p. 26-7).

O inquérito deve conter o máximo de informações e provas, até o ponto de se considerarem elucidadas a materialidade dos fatos e a autoria. Nos casos de violência física, a materialidade geralmente é obtida por meio de exames médicos, relatos de testemunhas e relato da vítima; a autoria, por seu turno, é indicada pelo próprio depoimento do agressor e também pelos relatos das testemunhas e vítima.

A forma de se realizar um inquérito, contudo, sofreu muitas alterações no decorrer da história, pois sua forma de "investigação" acompanhou as transformações no modo de produção da verdade constituídas em cada época. Somente na Idade Média o inquérito passou a ser um instrumento do Estado, a partir do entendimento de que o crime atingia a sociedade e que o Estado tinha o dever de proteger a sociedade.

Ao que tudo indica, a primeira forma de se estabelecer a verdade jurídica não passava pela testemunha, mas por uma espécie de jogo, de prova, de desafio lançado por um adversário ao outro, mais ou menos como podemos observar, por exemplo, na história que se passa entre Antíloco e Menelau durante os jogos que se realizaram por ocasião da morte de Pátroclo:

> Entre esses jogos houve uma corrida de carros, que, como de costume, se desenrolava em um circuito com ida e volta, passando por um marco que era preciso contornar o mais próximo possível. Os organizadores dos jogos tinham colocado neste lugar alguém que deveria ser o responsável pela regularidade da corrida que Homero, sem o nomear pessoalmente, diz ser testemunha, aquele que está lá para ver. A corrida se desenrola e os dois primeiros que estão na frente no momento da curva são Antíloco e Menelau. Ocorre uma irregularidade e, quando Antíloco chega primeiro, Menelau introduz uma contestação e diz ao juiz ou júri que deve dar o prêmio, que Antíloco cometeu uma irregularidade (Foucault, 1999, p. 31-2).

Nessa história, apesar de haver uma testemunha que presenciou todo o jogo, foi por intermédio de um desafio lançado por Menelau a Antíloco que se buscou a verdade dos fatos. Menelau diz:

> Põe tua mão direita na testa do teu cavalo; segura com a mão esquerda teu chicote e jura diante de Zeus que não cometeste

> irregularidade". Nesse momento, Antíloco, diante deste desafio que é uma prova, renuncia à prova e reconhece assim que cometeu irregularidade (p. 32).

Temos aí, portanto, uma maneira singular de produzir a verdade sem a presença de juiz, sentença, verdade, inquérito nem testemunho para saber quem disse a verdade. "Confia-se o encargo de decidir não quem disse a verdade, mas quem tem razão, à luta, ao desafio, ao risco que cada um vai sofrer" (Foucault, 1999, p. 53).

Já na história de Édipo, para empregarmos uma nova ilustração, podemos ver outra prática judiciária grega, em que o mecanismo utilizado de busca da verdade "obedece inicialmente a uma lei, uma espécie de pura forma, que poderíamos chamar de lei das metades" (p. 34). Nesse tipo de prática jurídica, a busca da verdade parte sempre de uma dada informação, que é uma parte sobre o fato narrado; para que ele seja totalmente compreendido, é necessário que se encontre o seu complemento. Assim, na tragédia edipiana apresentada por Sófocles, havia a consciência de uma conspurcação contra o país devida a um assassinato, e sabia-se que Laio havia sido assassinado. Restava a pergunta: quem foi o assassino? Restava um enigma: "ao assassinato correspondia a primeira metade: 'Quem foi assassinado'. Mas faltava a segunda metade: o nome do assassino" (Foucault, 1999, p. 34).

Diz a versão clássica da história de Édipo que Apolo, o deus de Delfos, foi quem revelou o nome do assassinado. Como o deus-sol recusou-se a dizer o nome do assassino, foi preciso recorrer ao adivinho Tirésias que, como Apolo, era também uma entidade divina e que, por estar muito próximo de Apolo, era considerado rei. É Tirésias – um vidente cego – quem responde a Édipo: "Foste tu quem matou Laio". Ele completa a história e o jogo das metades está completo: conspurcação, assassinato, assassino e assassinado. Tudo é revelado em forma de profecia, por meio de um jogo de linguagem:

> Tirésias não diz exatamente a Édipo: "Foste tu quem o matou". Ele diz: "Prometeste banir aquele que tivesse matado; ordeno que cumpras teu voto e expulses a ti mesmo". Do mesmo modo Apolo não havia dito exatamente: "Há uma conspurcação e é

> por isto que a cidade está mergulhada na peste". Apolo disse: "Se quiseres que a peste acabe, é preciso lavar a conspurcação". (Foucault, 1999, p. 35).

Como a linguagem era utilizada de forma profética, por prescrição, faltava ainda a dimensão do presente, da atualidade, da designação de alguém, alguém que tendo testemunhado o passado podia agora fornecer a outra metade da verdade. É pela junção do que estava previsto e pelo depoimento de quem testemunhou os fatos que se forma a verdade no caso de Édipo.

É importante notar que se tratava de provas de cunho lingüístico, constituídas por discursos que formavam coletivamente a verdade sobre um fato. Exceto pelos deuses, todos os outros integrantes da história forneceram parte da verdade, que se completou orientada pelo desejo último de descobrir quem matou Laio. Assim, buscaram-se os depoimentos considerados corretos, ou seja, o das pessoas que estavam de alguma forma envolvidas e, principalmente, as que testemunharam os fatos. Dessa forma, a história vai-se completando por uma espécie de encaixes de metades que se ajustam umas às outras.

A forma jurídica pela qual o caso de Édipo foi esclarecido

> não é apenas uma forma retórica. Ela é ao mesmo tempo religiosa e política. Ela consiste na famosa técnica do símbolo grego. Um instrumento de poder, de exercício de poder que permite a alguém que detém um segredo ou um poder quebrar em duas partes um objeto qualquer, de cerâmica etc., guardar uma das partes e confiar a outra parte a alguém que deve levar a mensagem ou atestar a sua autenticidade. É pelo ajustamento destas duas metades que se poderá reconhecer a autenticidade da mensagem, isto é, a continuidade do poder que se exerce. O poder se manifesta, completa seu ciclo, mantém sua unidade graças a este jogo de pequenos fragmentos, separados uns dos outros, de um mesmo conjunto, de um único objeto, cuja configuração geral é a forma manifesta do poder (Foucault, 1999, p. 38).

É provável, portanto, que essa tenha sido uma das primeiras vezes que se fez necessária a presença de testemunhas. Por isso, podemos dizer "que toda a peça de Édipo é uma maneira de deslocar a enunciação da verdade de um discurso de tipo profético e prescritivo a um outro discurso de ordem retrospectiva, não mais da ordem da profecia, mas do testemunho" (p. 40). Sendo assim, a história do direito grego apresenta-nos "um resumo de uma das grandes conquistas da democracia ateniense: a história do processo através do qual o povo se apoderou do direito de julgar, do direito de opor a verdade aos seus próprios senhores, de julgar aqueles que o governam" (p. 54).

O desenvolvimento da democracia grega proporcionou o aparecimento de uma série de grandes formas culturais características da sociedade grega: a elaboração de formas racionais da prova e da demonstração; o desenvolvimento de uma arte de persuadir, de convencer as pessoas da verdade que se quer provar; e o desenvolvimento de um tipo original de conhecimento por testemunho, por lembrança, por inquérito (Foucault, 1999).

Esse tipo de inquérito ressurgirá nos séculos XII e XIII, porém bastante diferente do que se pode observar na tragédia de Édipo. Desde a queda do Império Romano até a primeira metade da Idade Média, a prova era a forma de resolver os conflitos entre as pessoas. No direito germânico e no direito feudal, por exemplo, o inquérito não existia e os litígios eram resolvidos pelas provas, assim como no Direito Grego Arcaico. Alguns exemplos de provas interessantes são narrados por Foucault (1999), mas o que nos interessa são as características do inquérito que ressurgiu na Idade Média.

Foucault (1999) descreve quatro características do sistema medieval de resolução dos conflitos:

> 1º) Nessa época surge de fato "uma justiça que não é mais contestação entre indivíduos e livre aceitação por esses indivíduos de um certo número de regras de liquidação [...] [, que] deverão submeter-se a um poder exterior a eles que se impõe como poder judiciário e poder político" (p. 65).
> 2º) Aparece um novo personagem, sem precedentes no Direito Romano: o procurador, que será o representante do soberano, do rei ou do senhor. O procurador "dublará" e depois substituirá a vítima. Isso "vai permitir ao poder político apossar-se dos

procedimentos judiciários. O procurador, portanto, se apresenta como o representante do soberano lesado pelo dano" (p. 66).
3º) Aparece também uma noção nova: a infração. No drama judiciário, a questão de saber quem cometeu e quem sofreu o dano desenrolava-se entre dois indivíduos, vítima e acusado, mas a partir do momento em que aparece a figura do soberano ou do procurador, e este diz que foi lesado pelo dano, a ofensa passa a ser não somente relativa a um indivíduo, mas também ao próprio Estado. A infração, diz Foucault (1999), "não é um dano cometido por um indivíduo contra outro; é uma ofensa ou lesão de um indivíduo à ordem, ao Estado, à lei, à sociedade, à soberania, ao soberano" (p. 66).
4º) O soberano exige não só o reconhecimento e a reparação do dano causado a alguma pessoa, mas também ao Estado. "É assim que aparece, com o mecanismo das multas, o grande mecanismo das confiscações" (p. 67).

Com a presença do soberano no cenário jurídico, a prova devia ser substituída por outro método de resolução do conflito, pois este não podia correr o risco de ser extinto a cada vez que disputasse uma prova no lugar da vítima. O final de um inquérito, bem diferente do que ocorria no sistema de provas, é marcado pelo estabelecimento de uma sentença pelo soberano político.

Os mecanismos utilizados como parâmetros para o estabelecimento de sentenças foram dois: um intrajurídico, o flagrante, e outro extrajurídico, o inquérito. No flagrante delito a pessoa podia ser levada ao soberano, ao detentor do poder político, e ser acusada pelas pessoas que presenciaram o fato. Nesse caso, dispensavam-se outras provas e a sentença era dada sem muita dificuldade. Mas como a maioria dos crimes não se enquadrava nessa modalidade, houve a necessidade de se utilizar um método de investigação, constituído na figura do inquérito, que já era uma prática tanto administrativa quanto religiosa. No que dizia respeito à sua organização administrativa, manifestava as seguintes características:

1) O poder político é o personagem essencial.

2) O poder se exerce primeiramente fazendo perguntas, ques-

> tionando. Não sabe a verdade e procura sabê-la.
> 3) O poder, para determinar a verdade, dirige-se aos notáveis, pessoas consideradas capazes de saber devido à situação, idade, riqueza, notabilidade etc.
> 4) [...] o poder consulta os notáveis sem forçá-los a dizer a verdade pelo uso da violência, da pressão ou da tortura. Pede-se que se reúnam livremente e que dêem uma opinião coletiva. Deixa-se que coletivamente digam o que consideram ser a verdade (Foucault, 1999, p. 69).

Já o inquérito religioso consistia, num primeiro momento, de uma investigação sobre os atos pecaminosos ocorridos em uma determinada comunidade – inquisição geral; e, depois, de uma apuração de quem tinha feito o quê – inquisição especial. Foucault (1999) conclui, assim, que "o inquérito teve uma dupla origem: uma administrativa, ligada ao surgimento do Estado na época carolíngia; outra religiosa, eclesiástica, mais constantemente presente durante a Idade Média" (p. 71).

Toda essa trajetória do inquérito delineada por Foucault corrobora algumas de suas conclusões, como a de que toda essa evolução histórica do inquérito não obedeceu a princípios de racionalidade nem de um amadurecimento cronológico, mas às transformações políticas, principalmente no século XII, difundindo-se por outras instâncias do poder além do judiciário. Como conclusão, o eminente pensador francês sugere que "o inquérito não é absolutamente um conteúdo, mas a forma de saber. Forma de saber situada na junção de um tipo de poder e de certo número de conteúdos de conhecimento" (p. 77). Por isso, desenvolve e determina um certo saber sobre o homem, produzindo-o e reproduzindo-o pela via das práticas sociais:

> O inquérito é precisamente uma forma política, uma forma de gestão, de exercício do poder que, por meio da instituição judiciária, veio a ser uma maneira, na cultura ocidental, de autenticar a verdade, de adquirir coisas que vão ser consideradas como verdadeiras e de as transmitir. O inquérito é uma forma de saber-poder. É a análise mais estrita das relações entre os conflitos de conhecimento e as determinações econômico-políticas (p. 78, grifos nossos)

Por fim, Foucault (1999) aponta que o novo saber sobre as práticas jurídicas

> não se organiza mais em torno das questões "isto foi feito? Quem o fez?"; não se ordena em termos de presença ou ausência, de existência ou não existência, como vimos nas práticas das provas e das testemunhas. Ela se ordena em torno da norma, em termos do que é normal ou não, correto ou não, do que se deve ou não fazer (p. 88).

A produção de uma determinada teoria penal que programa claramente certo número de coisas difunde-se então pela sociedade como um parâmetro para a conduta de controle sobre as pessoas, objetivando evitar os comportamentos puníveis pelo poder judiciário e constituindo, ainda conforme Foucault, uma "ortopedia social".

> Tem-se, portanto, em oposição ao grande saber de inquérito, organizado no meio da Idade Média através da confiscação estatal da justiça, que consistia em obter os instrumentos de reatualização de fatos através de testemunho, um novo saber, de tipo totalmente diferente, um saber de vigilância, de exame, organizado em torno da norma pelo controle dos indivíduos ao longo de sua existência. Esta é a base do poder, a forma de saber-poder que vai dar lugar não às grandes ciências de observação como no caso do inquérito, mas ao que chamamos ciências humanas: Psiquiatria, Psicologia, Sociologia, etc. (p. 88).

O discurso jurídico incorporou o modelo médico de exame psiquiátrico, aquele que "permite passar do ato à conduta, do delito à maneira de ser, e de fazer a maneira de ser se mostrar como não sendo outra coisa que o próprio delito, mas, de certo modo, no estado de generalidade na conduta de um indivíduo" (Foucault, 2001, p. 20). Dessa forma, o discurso jurídico passou a ter a função de produção de pelo menos três sentidos: o do que é considerado crime em uma sociedade; o de quem é considerado criminoso; e o de quem deve ser punido. É pela reunião desses fatores que se constitui o discurso jurídico na sociedade atual.

O processo

Atualmente, há uma divisão formal entre processo e inquérito, e o último constitui parte importante do processo, uma vez que pode constituir as premissas para as resoluções do juiz. A principal característica do processo é que ele reúne as opiniões dos operadores do direito a respeito do delito analisando o conteúdo dos inquéritos e concluindo na aplicação do direito sob a forma de emissão de um juízo sobre o fato apontado como um delito, atividade última exclusiva do Juiz. Já no inquérito, a missão da polícia é reunir provas de autoria do crime e provas da materialidade do fato. Já no processo, a missão dos operadores do direito é emitir opiniões a respeito do delito, apontando a necessidade e a medida de aplicação da lei.

Desde o Código de Napoleão (1804) até os dias atuais, o raciocínio jurídico sofreu grandes alterações. Com o objetivo de acabar com a corrupção da justiça característica do Antigo Regime, a escola da exegese pretendia reduzir o direito à lei, impondo técnicas de raciocínio jurídico (Perelman, 2000). Fundamentada na separação dos poderes, a prática dos juízes deveria ser impessoal, visto que sua função limitava-se a aplicar o direito que era elaborado pelo legislativo. Para que tal aplicação não sofresse influência de quem julgava a gravidade dos delitos e pesava as pretensões das partes, era necessário que a justiça tivesse os olhos vendados para não enxergar as conseqüências do que fazia. Assim, a solução de um conflito devia basear-se somente no critério de legalidade, "sem levar em consideração seu caráter justo ou injusto, razoável ou aceitável" (p. 135), ou seja, pretendia-se "que uma teoria pura do direito devia ignorar os juízos de valor" (p. 135).

Para que os juízes tivessem esse tipo de procedimento, quando do exercício de suas funções, era necessário um tipo de raciocínio lógico formal que utilizasse o silogismo garantido pela existência de leis gerais que fossem aplicadas a casos particulares. Para isso, "seria necessário que para cada situação dependente da competência do juiz houvesse uma regra de direito aplicável, que não houvesse mais que uma, e que esta regra fosse isenta de toda ambigüidade" (Perelman, 2000, p. 34). A partir daí, o juiz devia julgar e motivar suas decisões, procedimento que passou a ser utilizado pelo judiciário para cumprir sua missão.

A presença e a atuação do juiz tornam-se cada vez mais importantes e decisivas no desenrolar da trama jurídica. A ele caberá também decidir sobre as provas existentes nos processos, visto que "em oposição aos direitos bárbaros, nos quais muitas vezes era o acusado que devia fornecer as provas de sua inocência, admitir-se-á que é o acusador que deve provar aquilo que afirma" (p. 36). Já no século XVIII, "a prova dos fatos passará a depender cada vez mais da <u>íntima convicção dos juízes</u>" (p. 37, grifos do autor).

A partir da segunda metade do século XIX, uma nova filosofia concebe o direito não mais como um sistema que os juízes devem aplicar – utilizando-se para isso de métodos dedutivos –, mas um meio do qual se serve o legislador para atingir seus fins, para promover certos valores. Como esses valores não podiam estar enunciados, ou evidenciados, pois poderiam introduzir no direito uma indefinição e uma insegurança inadmissíveis, o juiz devia "remontar do texto à intenção que guiou sua redação, à vontade do legislador, e interpretar o texto em conformidade com essa vontade. Pois o que conta, acima de tudo, é o fim perseguido, mais o espírito do que a letra da lei" (Perelman, 2000, p. 71). Perelman chega à conclusão de que a noção de justiça, para a escola positivista, correspondia à regra de justiça, "segundo a qual é justo tratar do mesmo modo situações essencialmente semelhantes" (p. 137). Mas, mesmo aqui, a decisão de se considerarem semelhantes os casos analisados requeria um juízo de valor.

Toda a rigidez na aplicação da lei cederá espaço à influência dos valores sociais e morais aceitáveis em uma dada sociedade. As soluções apoiadas nesses parâmetros não serão mais consideradas extrajurídicas, como o seriam no positivismo jurídico. Pelo contrário, "são os juízos de valor, relativos ao caráter adequado da decisão, que guiam o juiz em sua busca daquilo que, no caso específico, é justo e conforme ao direito, subordinando-se normalmente esta última preocupação à precedente" (Perelman, 2000, p. 114).

Haveria, então, uma lógica específica dos juízos de valor, como havia na aplicação do silogismo por meio da dedução? Macedo (1978) não só defende a possibilidade de uma lógica jurídica específica diferente da lógica formal, como apresenta, em *Lógica jurídica*, vários autores que compartilham dessa perspectiva. O argumento mais forte apresentado pelo autor, a nosso ver, é que "a lógica comum, clássica, trabalha com juízos enunciativos, enquanto que a lógica normativa[18] trabalha com preferência com juízos do tipo judiciário" (p. 31). Ele argumenta ainda que "são questões impróprias da lógica do normativo se isto é 'verdadeiro' ou 'falso' e classificar aquilo de 'certo' ou 'errado'" (p. 31). Perelman (2000), por seu turno, acredita que não há lógica específica dos juízos de valor, mas que nas situações em que "se trata de opiniões controvertidas, quando se discute e delibera, recorre-se a técnicas de argumentação" (p. 138). A referência que ele faz a Moreau[19], parafraseando Platão, corrobora essa assertiva:

> Se divergíssemos, tu e eu, diz Sócrates a Eutífron, sobre o número (de ovos de um cesto), sobre o comprimento (de uma peça de tecido) ou sobre o peso (de um saco de trigo), não brigaríamos por isso: não começaríamos uma discussão; bastar-nos-ia contar, medir ou pesar e nossa divergência estaria resolvida. As divergências só se prolongam e se envenenam quando nos faltam tais métodos de medição, tais critérios de objetividade; é o que sucede [...] quando estamos em desacordo sobre o justo e o injusto, o belo e o feio, o bem e o mal, em uma palavra, sobre os valores (Perelman, 2000, p. 139).

Essa característica de uma prevalência dos valores à "letra da lei" fez com que o foco da ação jurídica passasse da busca da verdade sobre os fatos à busca "de uma escolha, de uma ação, consideradas justas, eqüitativas, razoáveis, oportunas, louváveis, ou conformes ao direito" (p. 140). Certamente, essa nova concepção da aplicação do direito delegou um poder muito grande ao juiz e relativizou o poder do legislativo no campo da promoção da justiça. O juiz já não terá o papel de "uma boca pela qual fala a lei", diz Perelman, pois "a lei já não constitui todo o direito; é apenas o principal instrumento que guia o juiz no cumprimento de sua tarefa, na solução de casos específi-

---

18. A lógica jurídica é apresentada por Macedo (1978) como uma lógica normativa, ou seja, concernente às normas.

19. J. Moreau, "Rhétorique, dialectique et exigence première", *Théorie de l'argumentation*, Nauwelaerts, Louvain, 1963.

cos" (p. 222). Esse entendimento esclarece o papel do juiz, ao mesmo tempo em que abre uma lacuna imensa entre a lei e sua aplicação, possibilitando que certos valores se apliquem quando da sua interpretação.

O Sistema Judiciário Brasileiro

Muitos estudos sobre o sistema de justiça e, especificamente, sobre o judiciário já foram realizados. De forma geral, a crise do judiciário, a morosidade e a aplicação seletiva das leis têm sido o foco dos debates. As pesquisas que vêm sendo realizadas, porém, não deixaram também de ouvir os juízes a respeito de tais questões, como, por exemplo, no estudo realizado por Sadek (1995).

A maioria dos trabalhos, no entanto, têm exercido também um papel político, ao evidenciar as manobras ideológicas a que tem servido o poder judiciário brasileiro. Quase sempre esses estudos servem também como denúncia, uma vez que seus dados revelam uma discrepância imensa entre a lei e sua aplicação, favorecendo sempre uma aplicação tendenciosa à discriminação das minorias brasileiras.

Os estudos realizados por Adorno (1994 e 1996) compõem o universo desses trabalhos referidos no parágrafo anterior. Analisando o tratamento dispensado a réus brancos e negros, ele constatou haver claras evidências de discriminação racial na Justiça brasileira. Dentre outros fatos, sua pesquisa revelou que:

> réus negros tendem a ser mais perseguidos pela vigilância policial; [...] experimentam maiores obstáculos de acesso à justiça criminal e maiores dificuldades de usufruírem do direito de ampla defesa [...] e tendem a receber um tratamento penal mais rigoroso, representado pela maior probabilidade de serem punidos comparativamente aos réus brancos (Adorno, 1996, p. 272).

A discriminação no sistema de justiça também se refere aos réus procedentes do Nordeste e os que possuem atividades ocupacionais mal definidas, que tendem a ser preferencialmente punidos (Adorno, 1994). O autor descreveu situações encontradas nos processos em que a promotoria invocava a procedência regional do réu para pleitear sua prisão preventiva, "alegando que este dispõe de parentes no Norte ou Nordeste, podendo lá se refugiar, ausentando-se do distrito da culpa, e com isso, prejudicando o andamento do processo e mesmo a aplicação da lei penal" (p. 148).

O estudo realizado por Izumino (1998) apontou também que, ao contrário do que deveria ser, a atuação do judiciário não tem promovido a resolução dos conflitos entre os homens, principalmente quando se trata da Justiça Criminal. A autora estudou o papel do sistema judiciário na solução dos conflitos de gênero, analisando detalhadamente alguns processos; acabou chegando à conclusão de que a decisão judicial reforça o *status quo*, na medida em que a sentença tende sempre a fortalecer o modelo de relação homem-mulher que existe em nossa sociedade.

> O discurso que se constrói em torno das agressões faz com que a violência sofra um processo de privatização, ou seja, ao adotar como elemento explicativo para as agressões motivos ligados ao relacionamento do casal, às diferenças e desajustes em relação a modelos de comportamento inverso àquele que havia sido iniciado pela vítima no momento da denúncia (p. 162).

Na leitura dos Livros de Registro de Sentença, chamou a atenção da autora o fato de que em vários casos "o promotor e o próprio juiz justificaram a absolvição do réu com base nos argumentos de que a agressão descrita como 'mero incidente doméstico' havia sido superada e a harmonia entre o casal estava restabelecida" (Izumino, 1998, p. 162). Como os processos geralmente duram muito mais tempo do que o previsto em lei, os juízes acabam agindo influenciados pelo momento presente do julgamento. Assim, o tempo decorrido entre o dia da denúncia e o dia do julgamento é um importante fator para a desqualificação do crime ou, pelo menos, para sua atenuação. As descrições encontradas nos processos estudados por Izumino confirmam essa hipótese:

> Ouvida em juízo 1 ano após a agressão, declarou que o casal realmente teve um desentendimento, mas está tudo superado,

> pois fizeram as pazes e estão vivendo muito bem. O réu foi absolvido (LC –16).
>
> Ouvida 1 ano e 6 meses após a agressão, declarou que "[...] na época em que os fatos ocorreram o réu bebia muito e toda vez que saía do serviço 'me judiava'; um dia fiquei com a cabeça quente e dei queixa dele na delegacia da mulher, ele está freqüentando o AA e eu o acompanho, ele parou de beber e estamos vivendo muito bem". O réu foi absolvido. (LC – 44) (Izumino, 1998, p. 174).

Vemos, então, que o juiz se apropria da fala da vítima, quando essa é de seu interesse, para justificar a decisão que pretende tomar. Em estudo realizado a respeito de processos de homicídio e tentativas de homicídios, Adorno (1991) concluiu que nessa modalidade de crime, a absolvição do réu é maior que em casos de tentativa de homicídio, o que sugere pensar que quando a vítima está presente há uma possibilidade de que esta tenha um depoimento que impeça a produção de um argumento jurídico capaz de absolver o réu. De modo inverso, quando a vítima está ausente (pela morte) fica mais fácil para o juiz produzir argumentos que levem o réu à absolvição, como, por exemplo, alegar ter agido em legítima defesa ou sob forte emoção.

Nos crimes contra crianças e adolescentes, o cenário da atuação do judiciário não é diferente. Uma pesquisa realizada pela professora Myriam Mesquita (1997), com o objetivo de analisar como os casos de homicídios contra crianças e adolescentes eram tratados nas instituições de segurança e justiça do Estado de São Paulo, concluiu que não só há impunidade nesses casos, como a impunidade se constrói no interior das instituições e são escamoteadas pelo amparo legal.

Os números encontrados por essa pesquisadora são alarmantes: dos 837 registros de mortes de crianças e adolescentes, somente 622 foram caracterizados como homicídios. Destes, 72% foram arquivados "sob alegação de desconhecimento de autoria, estrito cumprimento do dever legal, insuficiência dos indícios de autoria, ausência ou insuficiência de fato típico, legítima defesa, inimputabilidade penal, morte do agente" (Mesquita, 1997, p. 23). Dos outros 27,58% dos indiciados que foram denunciados pelo Promotor de Justiça, somente 1,72% foram condenados.

Corrêa (1983) examinou processos de homicídios entre homens e mulheres, interessada em observar quais eram os elementos de que se utilizavam os atores jurídicos para a apresentação de acusados e vítimas. Essa autora constatou que

> um processo são muitas falas, registrando de diversas maneiras os mesmos atos e caminhando para a sua identificação com as formas pré-definidas dos códigos, as falas se adequando a uma gramática legal que prevê e enquadra qualquer ato proibido (e permitido, por extensão), tornando-os equivalentes entre si (p. 299).

A maneira pela qual os réus são apresentados pelos atores jurídicos depende do papel que cada um ocupa no cenário da trama jurídica. Pelo promotor, responsável pela denúncia, o acusado é apresentado como aquele que feriu os valores sociais, o "criminoso", o "desviante"; quando, contudo, o caso suporta uma absolvição, eles – os promotores – produzem uma imagem de "bom cidadão". Os advogados de defesa, por outro lado, tratam de imediato de ressaltar as características positivas de seus clientes, ao mesmo tempo em que buscam denegrir a imagem da vítima, deslocando sempre a análise do crime para a pessoa em julgamento. Nesses casos, as argumentações utilizadas pelos advogados dirigem-se ao que a sociedade acredita ou valoriza. Corrêa (1983) concluiu que a imagem dos réus, produzida pelos advogados de defesa, era a de homens trabalhadores; a das rés, de mulheres zelosas de seus lares.

Além disso, a autora constatou que os procedimentos de construção dos casos costumam levar à instalação de uma espécie de verdade que se expressa no resultado do julgamento. Tal verdade, no entanto, não se constrói somente por analogia com as situações reais, vividas pelos que sofrem o processo, ou os códigos onde elas deveriam estar previstas, mas também de acordo com os "modelos admitidos" nesta sociedade. Em última análise, o seu estudo revelou que sofrem maiores condenações os réus "que são apresentados como os mais inadequados ao modelo de comportamento social implícitos nos códigos e explicitado na sua aplicação" (Corrêa, 1983, p. 308).

Essas constatações científicas, associadas às inúmeras experiências frustrantes da população, geram algumas representações pejorativas do sistema de justiça no Brasil como um todo e colabora com o estado de "inércia" da população diante dos crimes, principalmente quando se tratam de crimes de cunho político. Nos últimos 28 anos, dos 1.681 assassinatos de trabalhadores da área rural, decorrentes do conflito de terras, apenas 26 chegaram a ser julgados, e somente 15 resultaram em condenação dos culpados, denuncia Faria (1994). Em igual situação estão os crimes praticados pela Polícia, que, só em 1992, no Estado de São Paulo, fizeram 1.461 vítimas fatais e 1.557 com ferimentos (p. 51).

Os exemplos dos resultados a que os estudos têm chegado a respeito da atuação do judiciário brasileiro são suficientes para corroborar as conclusões de Faria (1994):

> a ineficácia judicial conduz a uma crise de legitimidade do Judiciário, decorrente tanto de fatores internos, como o anacronismo de sua estrutura organizacional, quanto de fatores externos, em face da insegurança da sociedade com relação à impunidade, à discriminação e à aplicação seletiva das leis (p. 52).

À LUZ DA PSICOLOGIA

> *Todas as nossas pesquisas realizadas durante anos chegaram a mostrar – não que há lógica em tudo, o que seria um absurdo – que existem, em quase todos os níveis, estruturas que esboçam a lógica, e que se equilibrando, progressivamente, chegam às estruturas lógico-matemáticas.*
>
> Piaget, *Seis estudos de psicologia.*

Os sistemas de significação conforme a teoria de Piaget

No campo teórico da Psicologia, o estudo da lógica mereceu profunda atenção por parte de Jean Piaget. No início de sua carreira, Piaget estava preocupado com três questões: a linguagem, o pensamento e a lógica. A elas dedicou muitos anos de sua vida profissional.

Conforme Ramozzi-Chiarottino, até 1976, Piaget admitiu que a estrutura mental funcionava classificando e ordenando/seriando. Desde os primeiros meses de vida, e de forma assemelhada ao funcionamento orgânico, a criança (e depois também o adulto) desenvolve sua atividade mental pela assimilação e acomodação (Piaget, 1996). Porém, em 1977, Piaget afirma que anterior à classificação e à ordenação existe a inferência e "a capacidade que o ser humano tem de inferir é responsável pela construção dos sistemas de significação que constituem a consciência" (Ramozzi-Chiarottino, 1991, p. 22).

Analisando os resultados fornecidos por seus experimentos, Piaget foi induzido a acreditar que desde muito cedo o pensamento humano constitui-se de significações. No período sensório-motor tais significações estão associadas à utilidade das ações, sendo as próprias significações o resultado da assimilação de objetos a esquemas já formados, ou seja, fruto de interpretações (Piaget, 1989). No período sensório-motor e, também, num nível pré-operatório, a significação de um objeto "é o que podemos fazer com ele [...], é também o que podemos dizer dos objetos [...] ou ainda o que podemos pensar dos objetos" (Piaget, 1989, p. 148).

No percurso de seu desenvolvimento, a criança vai percebendo as relações de condições prévias e um conjunto de resultados que acompanham suas ações, até chegar à capacidade de abster-se de atuar materialmente e limitar-se a antecipar o que pode fazer, até mesmo evitando os erros. A essa capacidade cognitiva Piaget (1989) deu o nome de "sistema de implicações" que difere da noção de causalidade e "permanece inicialmente implícita antes de sua tomada de consciência e de sua formulação final em enunciados" (p. 112).

Piaget propõe que todas as relações, por mais elementares que sejam, não funcionam sem vínculos intra-sistêmicos. Ele distingue, então, dois tipos de relações entre ações: as relações causais e as relações de implicação. "As primeiras estão centradas nos objetos e se referem aos resultados das ações, os quais não são constatáveis senão *a posteriori*. As segundas são relações entre significações e são suscetíveis de serem antecipadas" (p. 149).

Em todos os níveis, diz Piaget (1989), "por mais baixo que seja, todo conhecimento comporta uma dimensão inferencial, por mais implícita ou elementar que ela seja" (p. 113). A inferência, de acordo com Hegenberg (1991), é a conclusão ("C") a que chegamos, afirmada com base em certas premissas (*P1, P2..., Pn*); é, em suma, a base do pensamento lógico. Desde pequena, afirma Piaget (2001), a criança faz inferências, e isso sinaliza que ela já possui um sistema de significação, porém "nos níveis mais elementares as inferências são somente implicações entre significações" (Piaget, 1989, p. 148).

O sistema de significações que se constitui é adquirido nas experiências do cotidiano e vai evoluindo conforme a capacidade de representar a realidade e relacionar os fatos manifestada pela criança. O bebê poderá alegrar-se ao ouvir a voz da mãe porque isso significa a presença desta. Mas entre a lógica subjacente ao comportamento do bebê e a lógica formal, Piaget detectou um período de uma "lógica concreta", característica do período das operações concretas (Ramozzi-Chiarottino, 1988). Com a idade de 7 anos, quando a criança encontra-se no estágio das operações concretas, o raciocínio lógico já estará bastante desenvolvido, o que lhe permitirá, por exemplo, fazer uma observação ao ver um objeto afundar na água ("esse objeto é pesado"), mas ao ser solicitada a explicar por que o objeto afundou, provavelmente responderá: "porque é feito de material pesado". Assim, falta na criança dessa idade a capacidade de relacionar conceitos de água aos conceitos do objeto. Se ela fosse capaz disso, chegaria a conclusões lógico-matemáticas, tendo partido da experiência física (Ramozzi-Chiarottino, 1988).

Somente quando a criança atinge o pensamento abstrato é que estará apta a responder e formular qualquer questão lógica, assim como a trabalhar com hipóteses. Isso acontece no período em que há definitivamente a noção dos conceitos (distinção entre o individual e a classe). Com isso, conclui-se que existe uma lógica de significações que precede a lógica formal dos enunciados, e que essa lógica está fundada sobre implicações entre significações ou mesmo sobre implicações entre ações (Piaget, 1989).

Ao atingir a adolescência, o ser humano torna-se capaz de raciocinar hipoteticamente, graças a todo o processo de construção das imagens que ele desenvolveu no decorrer de sua vida. Tais imagens são a interiorização da experiência pessoal de cada um, que pode ser compartilhada socialmente: sendo compartilhada, nos aspectos que ela for compartilhada e na denominação de aspectos que ela for compartilhada, ela representa o coletivo e, então, é social.

Os sistemas de significação dão visibilidade à lógica do pensamento humano, tanto na forma como um tal pensamento se estrutura, sofrendo modificações com o tempo (Hegenberg, 1987), quanto nos conteúdos e valores pessoais e/ou sociais que estão presentes nos discursos.

Finalmente, sem os sistemas de significação não há possibilidade de raciocínio. Por isso, não há homem que não desenvolva um sistema de interpretação do mundo. Os sistemas de interpretação geram explicações, e dessas explicações decorrem vários argumentos, várias relações entre conteúdos.

Resumindo, podemos dizer que tanto os sistemas de significação lógicos como os sistemas de significação não-lógicos dependem de implicações significantes e, conseqüentemente, das inferências. A diferença é que nos sistemas lógicos as implicações são lógico-matemáticas e, por isso, universais; já nos sistemas de significações não-lógicos, as implicações são individuais, construídas com as experiências que se têm ao longo da vida.

A partir desse conjunto de argumentos, acreditamos que o estudo dos sistemas de significação contido no discurso jurídico nos permitirá revelar alguns dos pressupostos científicos e dos valores compartilhados numa determinada sociedade. Como diz Piaget, citado por Ramozzi-Chiarottino (1991), "admitir os sistemas lógicos e os sistemas de significação nos dá margem a pensar na possibilidade de uma teoria de conhecimento contingente do homem comum, que seria a base para a construção de uma Psicologia Social verdadeiramente científica" (p. 22).

SOBRE A PESQUISA

Como ator social, o pesquisador é fenômeno político, que, na pesquisa, o traduz sobretudo pelos interesses que mobilizam os confrontos e pelos interesses aos quais serve.

Pedro Demo, *Pesquisa:* princípio científico e educativo.

Objetivo da pesquisa

O objetivo desta pesquisa foi o de compreender[20] o discurso jurídico a respeito da violência de pais contra filhos (crianças ou adolescentes), presente nos processos referentes ao artigo 136 do CPB, analisando os argumentos adotados para emissão de juízos que fundamentam a decisão judicial.

O objeto de estudo

O objeto de estudo constituiu-se das sentenças contidas nos nove processos judiciais referentes à violência contra crianças[21], praticada por pais ou responsáveis (permanentes e ocasionais), existentes nas Varas Criminais Comuns em um município da Grande Vitória/ES[22]. Os processos observados tipificam-se como "Crimes Contra a Pessoa", sendo discriminados na Parte Especial do Código Penal Brasileiro, mais especificamente no artigo 136:

---

20. Fundamentando-se na discussão proposta por Hanna Arendt em *A dignidade da política*, Santos (1998) diz: "não obstante as ambigüidades a que o termo 'compreensão' está sujeito, Arendt parece aceitar a distinção entre explicar e compreender: Enquanto a explicação volta-se para a determinação de nexos causais de um fenômeno, especialmente entre as ciências 'naturais', a compreensão refere-se à busca de significações, de sentido das ações humanas, numa perspectiva social e histórica" (p. 5).

21. Nosso interesse era abranger também a adolescência, mas como em nenhum dos processos a vítima era adolescente, adotamos de agora em diante somente a referência: violência contra criança.

22. A Grande Vitória é constituída pelos municípios: Vitória, Cariacica, Vila Velha, Serra, Viana, Guarapari e Fundão.

> Expor a perigo a vida ou a saúde de pessoa sob sua autoridade, guarda ou vigilância, para fim de educação, ensino, tratamento ou custódia, quer privando-a de alimentação ou cuidados indispensáveis, quer sujeitando-a a trabalho excessivo ou inadequado, quer abusando de meios de correção ou disciplina:
>
> Pena – detenção de 2 (dois) meses a 1 (um) ano, ou multa.
>
> § 1º Se do fato resulta lesão corporal de natureza grave:
>
> Pena – reclusão de 1 (um) a 4 (quatro) anos.
>
> § 2º Se resulta a morte:
>
> Pena – reclusão de 4 (quatro) a 12 (doze) anos.
>
> § 3º Aumenta-se a pena de 1/3 (um terço), se o crime é praticado contra pessoa menor de 14 (quatorze) anos.

Um problema detectado durante o desenvolvimento da pesquisa é que nos processos dessa natureza, algumas vezes, a violência física é enquadrada no artigo 129 (relativo a lesões corporais), o que acaba permitindo a desqualificação da violência de pais contra filhos e o encobrimento da real magnitude do fenômeno. Excluem-se do artigo 136 e, portanto, deste trabalho, os crimes de lesões corporais (Art. 129)[23], os de estupro (Art. 213), de atentado violento ao pudor (Art. 214), de ameaça (Art. 147), de sedução (Art. 217), de corrupção de menores (Art. 218), de rapto consensual (Art. 220), de abandono material (Art. 244) e de subtração de incapazes (Art. 249). Todos esses crimes estão descritos na seção 6.1.

Na fase de pré-teste, realizamos também sete entrevistas com juízes, promotora, delegada, psicóloga, escrivã e uma mãe que estava cumprindo a pena em liberdade condicional e que serão, eventualmente, mencionadas. Serão também analisados os dados coletados na DPCA referentes às ocorrências que chegaram ao órgão no período de 1997 a 2000.

---

23. Os crimes de maus-tratos muitas vezes resultam também em lesões corporais.

Foram coletados dados em processos do período de janeiro de 1995 a dezembro de 2000. O parâmetro para escolha, nesse momento, foi o de uma amostragem aleatória, sendo observado somente um período de tempo suficiente para que o processo já estivesse concluído e disponível para o estudo aqui realizado.

A escolha do município deveu-se ao fato de já termos tido um contato prévio com a instância jurídica responsável pelos casos a serem estudados, na fase de pré-teste, e termos tido boa receptividade por parte do juiz local. Mesmo sabendo da natureza pública dos processos, prevista no artigo 792 do Código de Processo Penal,tivemos a preocupação de obtermos, por escrito, a autorização dos juízes, a fim de evitar problemas futuros.

O município onde localizam-se as Varas Criminais nas quais coletamos os dados é constituído por uma população superior a 300.000 mil habitantes, conforme os dados divulgados pelo IBGE (2000), caracterizando-se como um dos municípios mais populosos da Grande Vitória, responsável por grande parte das ocorrências da DPCA.

No total, foram estudados nove processos dos treze encontrados no período de 1995 a 2000. Quatro processos não haviam sido concluídos, razão pela qual não chegaram a constituir nossa amostra.

Procedimentos

A trajetória que percorremos até a obtenção dos dados indica-nos os difíceis caminhos que um cidadão percorre quando deseja efetivar uma denúncia. As dificuldades as quais nos referimos são a demora no atendimento e o tipo de tratamento ríspido dispensados pelos órgãos da Justiça. O conjunto de obstáculos materializado pode configurar um dos motivos pelos quais o número de pessoas que acessa os órgãos de justiça seja ainda muito pequeno.

Nosso primeiro contato ocorreu nas Varas Criminais de Vitória/ES, tendo sido facilitado pelo Serviço de Psicologia da Vara de Execução Penal. A partir daí, tivemos acesso a algumas informações que nos foram muito úteis para o entendimento de todo o sistema de justiça.

Na fase do pré-teste, realizada no período de junho a setembro de 2000, começamos nossa "peregrinação" pelos cartórios, identificando-nos e solicitando o acesso aos processos com as características que nos interessavam. A primeira surpresa que tivemos foi saber que as pessoas que trabalhavam nos cartórios não sabiam qual era o artigo que tratava de maus-tratos. Quando, então, falávamos de violência física de pais contra filhos, elas respondiam: "O [artigo] 129 tem. Só não sei se é com crianças". Nós explicávamos que o que nos interessava era o artigo 136. Recebíamos, então, a informação de que o artigo 136 não constava no livro de registros daquele cartório.

Tendo, finalmente, encontrado dois processos, realizamos um estudo-piloto para uma primeira familiarização com o objeto de nossa pesquisa. Além de estudarmos os dois processos, entrevistamos um juiz e uma juíza; um promotor de justiça e uma ré que estava nessa ocasião freqüentando o Serviço de Psicologia e Serviço Social da Vara de Execução Penal. As entrevistas possibilitaram também perceber que na atuação dos juízes havia uma parcela de convicções próprias, baseadas nos valores e crenças pessoais, o que não aparecia muito explicitamente nos processos. O contato com o agressor possibilitou o acesso a questões muitas vezes não presentes nos processos judiciais, o que funcionou como parâmetro para, já nessa fase, visualizar a "pobreza" dos processos.

O fato de termos encontrado tão poucos processos gerou a seguinte pergunta: o que acontece com todos os casos que chegam à DPCA? Afinal, como já havíamos conhecido o cotidiano da DPCA em outra pesquisa que realizamos (Rosa, 1997), sabíamos que o número de ocorrências que chegavam àquele órgão era consideravelmente grande.

A hipótese de haver uma interferência significativa no percurso do processo motivou-nos a visitar a DPCA, a fim de colher alguns dados que pudessem esclarecer a questão. Os dados encontrados estão no capítulo seguinte: tratam-se de alguns indícios do descaso do governo para com o assunto.

A coleta de dados propriamente dita ocorreu no período de 5 de abril a 27 de julho de 2001[24]. Ela foi realizada em três Varas Criminais

[24]. Alguns acontecimentos dificultaram a coleta dos dados nesse período: a inspeção ocorrida na Terceira Vara Criminal durante quase todo o mês de maio; a paralisação por um período de uma hora diária; a indisponibilidade de local para que pudéssemos estudar os processos (alguns foram realizados de pé); a infra-estrutura precária, que muitas vezes não comportava mais uma pessoa (pesquisador); a reforma do prédio onde funcionam as Varas Criminais, entre outros.

nas quais foram localizados treze casos e estudados nove, pelo fato de quatro deles ainda não estarem concluídos. Os processos faziam referência ao artigo 136 do CPB e abrangiam o intervalo de tempo entre janeiro de 1995 a dezembro de 2000.

O método de análise dos dados

A escolha do referencial teórico metodológico foi de extrema complexidade, visto tratar-se de um objeto de estudo – o discurso – com uma produção científica considerável. Essa constatação poderia estar a favor de uma outra conclusão: sendo farto de referências, seria fácil encontrá-la e trabalhar com ela. Mas algumas características que contribuíram para nossa primeira afirmativa devem ser destacadas:

1º) O discurso não é um tema específico de uma área do conhecimento. Ele pode ter o referencial da Lingüística, da Sociologia, da Filosofia, além de outras ciências. Cada autor, conforme sua área, aborda o assunto a partir de um referencial teórico próprio e, por isso, há uma grande dispersão quanto à sua definição e a seu estudo. Como afirma Bakhtin (1992),

> a vaga palavra "discurso", que se refere indiretamente à língua, ao processo da fala, ao enunciado, a uma seqüência [...] de enunciados, a um gênero preciso do discurso, etc., esta palavra, até agora, não foi transformada pelos lingüistas num termo rigorosamente definido e de significação restrita (p. 293).

2º) Como conseqüência, não existe "concretamente" um modelo de análise do discurso. Há uma tendência a abordar o discurso como uma teoria e não como um método, o que cria implicações relativas às possibilidades de aplicação instrumental. Se, por um lado, colabora para enriquecer de maneira significativa nossa compreensão a respeito de certos aspectos do nosso objeto de estudo, por outro cria dificuldades no que tange aos procedimentos efetivos de coleta e tratamento de dados.

3º) Nosso interesse pelo discurso era metodológico, mas ainda "parcial", porque nele interessava-nos, sobretudo, o argumento. Este último, por si só, constituía um imenso campo de estudo da Filosofia, visto que seu pressuposto é a lógica. Além disso, havia uma particularidade a ser levada em consideração: sua aplicabilidade na instância jurídica.

O desafio estava lançado: construir um instrumento de análise útil para nosso problema de pesquisa, traçando contornos e delimitando, o quanto fosse possível, uma abrangência fiel ao propósito do trabalho, e articulando as diversas áreas do conhecimento que se mostrassem necessárias na utilização do entendimento do assunto.

Definimos, então, que o estudo do discurso jurídico compreenderia uma análise do raciocínio utilizado pelos juízes ao formularem as sentenças judiciais sobre a prática de maus-tratos de pais contra filhos. Para tanto, passamos a utilizar os recursos da lógica aliados aos da análise do discurso. Com a utilização desses dois recursos metodológicos, esperamos poder dar visibilidade a certas formas do raciocínio jurídico, revelando quais conteúdos servem de premissas para as conclusões de um processo, assim como o significado do emprego de suas premissas e conclusões.

Aristóteles marcou profundamente a civilização ocidental, porque foi o primeiro filósofo a sistematizar o campo da lógica, na forma que ficou conhecida como "lógica clássica aristotélica", tentando estabelecer precisamente o que são afirmações contraditórias, e o que se conclui a partir de afirmações dadas (Hegenberg, 1987).

Ao analisar o desenvolvimento da lógica, Kant (1992) afirma que "tudo na natureza, tanto no mundo animado quanto no mundo inanimado, acontece segundo regras, muito embora nem sempre conheçamos essas regras" (p. 29) e reconhece a possibilidade da investigação dessas regras, sendo o próprio raciocínio também regido por elas. As regras, continua a afirmar Kant (1992),

> as quais o entendimento procede, são todas elas necessárias ou contingentes. As primeiras são aquelas sem as quais nenhum uso do entendimento seria possível; as últimas aquelas sem as quais um certo uso determinado do entendimento não poderia ter lugar (p. 30, grifos do autor).

No mesmo sentido, Jean Piaget, por exemplo, desenvolve sua teoria a partir da afirmação de que nem todo pensamento é lógico, apesar de obedecer a um determinado tipo de raciocínio fundamentado em implicações significantes. A lógica é definida então por Kant (1992) como "a ciência das leis necessárias do entendimento e da razão em geral ou [...] da mera forma do pensamento em geral." (p. 30). Copi (1978) a define como "o estudo dos métodos e princípios usados para distinguir o raciocínio correto do incorreto" (p. 19).

Os procedimentos da lógica formal caracterizam a prática e o discurso científico clássicos. Neles, as conclusões emergem por necessidade estrutural, uma vez que são implicações derivadas de argumentos. Ao contrário do pensamento do "homem comum", o pensamento científico engloba a semântica por necessidade lógica; impondo-se por necessidade lógica, ele é um argumento no qual a forma e o conteúdo não se dissociam.

Ao reconhecermos a máxima segundo a qual "o direito é a arte da argumentação", consideramos que o discurso jurídico é composto em sua maioria de argumentos, visto que "além de diversos outros fatores, tais como emocionais, psicológicos, utilitários e outros, um dos principais fatores envolvidos no convencimento de um interlocutor é um raciocínio bem articulado" (Araújo, 2001, p. 4).

Nosso principal interesse será reconhecer os argumentos presentes no discurso jurídico e analisá-los sob o ponto de vista lógico, reconhecendo as premissas que são adotadas e que resultam num juízo sobre os fatos. Araújo (2001) aponta ainda que "a análise de argumentos é o instrumento que nos permite 'demonstrar' um discurso qualquer, possibilitando sua avaliação precisa, o que incluiu descobertas de falhas de raciocínio, de premissas frágeis ou inaceitáveis, entre outras" (p. 6).

O que caracteriza um argumento é a existência de "uma proposição dubitável, ou seja, que só pode ser aceita a partir da aceitação da verdade das outras proposições que o formam" (Araújo, 2001, p. 6.). Para identificarmos os argumentos presentes no discurso, precisamos identificar os enunciados do texto, identificando os indicadores de conclusão e os indicadores de premissas. Os indicadores de conclusão mais comuns são: logo, portanto, assim, assim sendo, resulta que, então, conseqüentemente, segue-se que, decorre daí que, podemos inferir, podemos concluir, por conseguinte, tem-se que, de modo que, concluímos que, etc. e os indicadores de premissa são: pois, porque, desde que, pois que, como, uma vez que, já que, dado que, tanto mais que, pela razão de que, tendo em vista que, recordando que, ressaltando que, visto que, assumindo que, na medida em que, sabendo-se que, supondo que, pelo fato de que, em vista de.

Os argumentos podem ser formados por uma ou mais premissas e uma conclusão. Os textos podem, contudo, constituir-se a partir de discursos sem argumentos e de discursos logicamente incorretos ou falácias. Os discursos sem argumentos podem ser classificados em:

> Comentários que em geral são proposições que expressam o gosto ou a opinião de quem fala.
>
> Descrições são proposições que descrevem objetos, situações, lugares, etc.
>
> Explicações que podem ser confundidas com argumentos, porém não pretendem demonstrar nada, mas apenas explicar um fato sendo que o fato não precisa ser demonstrado.
>
> Parábolas são os discursos que usam comparações poéticas ou simbólicas.
>
> Ordens são proposições que ordenam alguma coisa.
>
> Interrogações são proposições em forma interrogativa.
>
> Exclamações são enunciados que expressam surpresa, espanto ou entusiasmo (Araújo, 200, p. 9-10).

A falácia, por sua vez, diz Copi (1978) "é uma forma de raciocínio que parece correta, mas que, quando examinada cuidadosamente, não o é" (p. 73). Araújo (2001) amplia essa observação, ao comentar que a "invalidez da argumentação falaciosa provém de sua referência a fatores extralógicos (geralmente psicológicos: emoções, sensações, circunstâncias transitórias, etc.) como justificadores da conclusão"

(p. 18). Destacaremos, então, as qualidades de algumas falácias que julgamos serem as mais interessantes para o nosso trabalho[25].

Falácia *ad hominen* ofensivo (contra o homem) – nessa falácia, em vez de tentar refutar a verdade do que se afirma, ataca-se a pessoa que fez a afirmação, expondo negativamente sua conduta ou desacreditando suas capacidades intelectuais.

> Refutação: a verdade de uma proposição e a correção de um raciocínio não podem ser julgados em função do comportamento ou do caráter de quem os profere, já estes fatores são exteriores à lógica do discurso. O que as pessoas são ou fazem não serve como critério para o julgamento de seus discursos do ponto de vista lógico (Araújo, 2001, p. 19).

Falácia *ad hominen* circunstancial – nessa falácia, um dos antagonistas pode sustentar seu argumento utilizando-se da situação do seu "adversário". Assim, em vez de discutir aquilo que alguém diz, procura-se fazer uma relação entre as convicções expressas por essa pessoa e as circunstâncias vividas por ela.

> Refutação: as circunstâncias institucionais ou os compromissos sociais a que uma pessoa está vinculada em um dado momento de sua vida são exteriores à lógica própria do conhecimento e das conclusões por ele estabelecidas. A validade das conclusões de um discurso não pode ser negada ou afirmada com base em circunstâncias vividas pelo argumentador, porque não pode ser provado, em geral, que elas são condição determinante da elaboração do mesmo (Araújo, 2001, p. 20).

Falácia por apelo à ignorância (*ad ignorantiam*) – consiste em defender que uma certa proposição é verdadeira porque não foi

[25]. Antes de avançarmos, porém, achamos relevante fazer lembrar algo já dito por Piaget (1989), uma de nossas referências neste trabalho: acreditamos que mesmo o raciocínio falacioso, ou seja, aquele que não obedece aos princípios da lógica, pode estar carregado de significações, porque não há possibilidade de um sujeito construir seu pensamento sem apoiar-se em sistemas de significação. Outros tipos de falácias podem ser encontradas em *Introdução à Lógica,* de Irving M. Copi (1978).

provado o contrário do que afirma, ou defender que seja falsa porque ninguém provou sua veracidade. Araújo lembra que os lógicos admitem que no campo jurídico pode ser utilizado esse argumento de modo válido com as chamadas presunções, que são uma espécie de premissa preestabelecida.

> Refutação: não se podem tirar conclusões sobre aquilo que não podemos conhecer ou explicar. A nossa ignorância sobre a verdade ou falsidade de uma determinada proposição não nos permite tirar nenhuma conclusão sobre a mesma. Nada podemos concluir quando nos faltam os meios para provar determinada proposição. Conclusões tiradas sem demonstração racional passam para o campo das nossas crenças que, como tais, não podem pretender validade intersubjetiva (Araújo, 2001, p. 22).

Falácia por apelo à piedade (*ad misericordiam*) – nesse tipo de raciocínio faz-se apelo à piedade ou à compaixão para conseguir que uma determinada conclusão seja aceita: "Este argumento encontra-se, com freqüência, nos tribunais de justiça, quando um advogado de defesa põe de lado os fatos pertinentes ao caso e trata de ganhar a absolvição do seu constituinte despertando a piedade dos membros do júri" (Copi, 1978, p. 78).

> Refutação: os nossos sentimentos são muito variáveis e inconstantes para servirem como premissas aos nossos julgamentos. O raciocínio deve seguir regras próprias, independentes das situações emocionais que possam estar envolvidas, só assim pode ser logicamente válido. (Araújo, 2001, p. 23).

Falácia por apelo ao povo (*ad populum*) – nesse "argumento" recorre-se aos sentimentos do povo, aos seus hábitos e costumes, para provocar a concordância com uma determinada conclusão que não é sustentada por boas provas, ou seja, aproveita-se de uma crença ou uma prática que é compartilhada socialmente para convencer a aceitação de uma idéia como verdadeira.

> Refutação: não é a generalização de uma teoria ou de uma prática que a torna válida do ponto de vista racional, pois o povo costuma utilizar critérios extralógicos em seus julgamentos. Assim, a aceitação popular de uma teoria não constitui critério para um julgamento sobre sua validade lógica (Araújo, 2001, p. 24).

Falácia por apelo à autoridade (*ad verecundiam*) – é fundamentada no "sentimento de respeito que as pessoas alimentam pelos indivíduos famosos para granjear a anuência a uma determinada conclusão" (Copi, 1978, p. 81). Além de utilizar ilustres personalidades para o convencimento de uma conclusão, essa falácia pode utilizar-se do "critério do mais velho", ou seja, do julgamento de alguém que deve estar certo apenas por ser mais velho ou experiente.

> Refutação: não é a condição de autoridade conquistada por alguém ao especializar-se em determinado campo do conhecimento que confere às suas conclusões um caráter de validade, mas a realização de experiências bem-sucedidas e a força dos argumentos que formula. Além do mais, o princípio de que "quem é autoridade sobre uma coisa é autoridade sobre tudo" é logicamente inválido, ainda mais atualmente, quando os campos do conhecimento são altamente especializados (Araújo, 2001, p. 25).

Falácia em acidente (exceção à regra) – a falácia de acidente consiste em aplicar uma regra geral a um caso particular. Nesse caso, as circunstâncias acidentais que envolvem o fato ou a idéia defendida tornam a regra inaplicável.

> Refutação: Esta falácia confunde generalidade com universalidade. Certas proposições podem ser geralmente verdadeiras por estarem de acordo com o estado de conhecimento alcançado, mas não podem ser ditas universalmente válidas para quaisquer circunstâncias, tempo ou lugar, porque podem ocorrer acontecimentos que alterem a realidade e o conhecimento que dela formulamos. Uma regra geral pressupõe a ocorrência de uma circunstância também geral e, portanto, não pode ser aplicada a uma circunstância que foge (que é exceção) à generalidade pressuposta (Araújo, 2001, p. 25).

Falácia por acidente convertido (generalização apressada) – consiste no inverso da anterior: tirarmos conclusões a partir de casos acidentais, particulares, aplicando-as de um modo geral. Ou seja, aquilo que é afirmado em circunstâncias atípicas passa a ser afirmado dogmaticamente como regra geral.

> Refutação: não se podem atribuir efeitos observados na ocorrência de acontecimentos particulares a todos os acontecimentos semelhantes, sem levar em consideração suas causas específicas. As mesmas causas podem não valer genericamente (Araújo, 2001, p. 26).

Falácia por falsa causa – pode ocorrer de duas formas: a primeira quando se toma por causa aquilo que na realidade não o é; a segunda quando se toma por causa um determinado fenômeno que antecede outro, simplesmente por ter ocorrido anteriormente. Tratam-se de uma causalidade arbitrária, na primeira hipótese e de uma conclusão presa aos dados imediatos, na segunda hipótese.

> Refutação: a primeira forma desta falácia erra por não distinguir "causa necessária" (aquela em cuja ausência o fenômeno causado não pode ocorrer) de "causa acidental" (aquela em cuja presença o fenômeno ocorre). A segunda forma erra por observar a sucessão temporal dos acontecimentos, em vez de observar sua causalidade interna (Araújo, 2001, p. 27).

Falácia por petição de princípio – nessa falácia repete-se a proposição a ser justificada, ou seja, a mesma proposição ocupa o lugar de premissa e de conclusão no mesmo raciocínio. É chamada também de "argumento circular", por voltar sempre ao seu início.

> Refutação: basta demonstrar que a premissa exige a mesma prova necessária à conclusão, ou seja, que os mesmos elementos indemonstrados da conclusão também estão indemonstrados na premissa (Araújo, 2001, p. 28).

Falácia por conclusão irrelevante – nela a inferência que leva a uma conclusão é baseada em premissas que indicam para outras conclusões ou até mesmo para uma conclusão contrária à inferida.

> Refutação: basta demonstrar que as premissas conduzem a outra conclusão que não aquela inferida pelo argumentador. Podem-se também rejeitar as premissas como insuficientes para justificar a conclusão proposta (Araújo, 2001, p. 29).

O discurso lógico é constituído por argumentos, mas nem sempre suas premissas apresentam-se de forma explícita na fala, embora seus sentidos a componham. Por isso a necessidade de recorrermos à análise do discurso, que permitirá apreender não só os argumentos explícitos, mas também aqueles que, implícitos, dão sentido à fala.

A análise do discurso é uma teoria e método de investigação que surgiu recentemente, por volta dos anos 60 e 70, estando sua história inicialmente associada à lingüística, tendo como uma espécie de "patrono" a histórica figura de F. Saussure.[26]

O recorte do objeto de estudo na análise do discurso é definido por Orlandi (1999) como o "texto". Mas "a noção de texto, enquanto unidade de análise de discurso, requer que se ultrapasse a noção de informação" (p. 21). Koch (2000), também a respeito de "texto", defende a posição de que

> a) a produção textual é uma atividade verbal, a serviço de fins sociais e, portanto, inserida em contextos mais complexos de atividades;
>
> b) trata-se de uma atividade consciente, criativa, que compreende o desenvolvimento de estratégias concretas de ação e a escolha de meios adequados à realização dos objetivos; isto é, trata-se de uma atividade intencional que o falante, de conformidade com as condições sob as quais o texto é produzido, empreende, tentando dar a entender seus propósitos ao destinatário através da manifestação verbal;
>
> c) é uma atividade interacional, visto que os interactantes, de maneiras diversas, se acham envolvidos na atividade de produção textual (p. 22).

26. Numa perspectiva histórica, as teorias a respeito da linguagem tiveram a seguinte evolução: a lingüística, a sociolingüística, a etnolingüística, a sociologia da linguagem, a pragmática, e por fim a análise do discurso (Orlandi, 1993).

Todo texto produz sentidos; porém, ainda conforme Koch (2000), "o sentido não está no texto, mas se constrói a partir dele, no curso de uma interação" (p. 25, grifos da autora). Por isso, ela complementa:

> um texto se constitui enquanto tal no momento em que os parceiros de uma atividade comunicativa global, diante de uma manifestação lingüística, pela atuação conjunta de uma complexa rede de fatores de ordem situacional, cognitiva, sociocultural e interacional, são capazes de construir, para ela, determinado sentido (p. 25).

Essa construção de sentido, no entanto, é uma produção e está inscrita num todo lingüístico produzido por uma determinada sociedade, ou por uma parcela desta. O sentido é, portanto, social, cultural e ideológico. Por isso, "o dizer não é apenas do domínio do locutor, pois tem a ver com as condições em que se produz e com outros dizeres" (Orlandi, 1999, p. 19). Dois processos estão presentes na produção do discurso, de forma a se tornarem vias pelas quais podemos perceber os sentidos presentes no texto: o processo parafrástico e o processo polissêmico. "O processo parafrástico é o que permite a produção do mesmo sentido sob várias de suas formas" (p. 20), ou seja, "quando digo a mesma coisa duas vezes, há um efeito de sentido que não me permite identificar a segunda à primeira vez, pois são dois acontecimentos diferentes" (p. 119).

Já o processo polissêmico é responsável pelo fato de que são sempre possíveis sentidos diferentes, múltiplos a uma mesma construção significante. O sentido, então, "não existe em si, mas é determinado pelas posições ideológicas colocadas em jogo no processo sócio-histórico em que as palavras são produzidas" (Orlandi, 1999, p. 58) e que se materializam nas formações discursivas, constituindo o sentido do discurso e permitindo a identificação do sujeito dentro de um determinado contexto ideológico. Por isso, quem fala assume, no discurso, uma determinada posição que também é ideológica, mas concretizada e definida dentre várias outras possibilidades também ideológicas.

Podemos afirmar ainda que o sentido do texto é predeterminado pela formação ideológica, mas que esse sentido só se realiza no discurso após concorrer com outras várias possibilidades de discursos. Dessa forma, o sujeito é sempre um sujeito social, na medida em que se apropria de uma fala "coletiva". Ao mesmo tempo em que o discurso manifesta alguns sentidos, ele oculta outros, que acabam por gerar sentidos pela razão mesma de sua ausência.

Orlandi (1997) aponta, até mesmo, uma forma particular de produção de sentido: o silêncio. Este, afirma a autora, é necessário à significação, pois *significa*: mesmo não sendo diretamente observável, também não é *vazio*. O acesso a ele e sua compreensão dão-se por métodos discursivos históricos. "Quando se trata do silêncio, nós não temos marcas formais, mas pistas, traços" (p. 48) aos quais somente a historicidade do texto poderá dar um sentido.

O silêncio não é ausência de palavras, porque sua tradução não se faz em palavras. O silêncio é a ausência de um determinado discurso preenchido por um outro discurso que lhe impõe um significado específico, impedindo ou desautorizando que outros enunciadores dêem a ele novos sentidos. Nas palavras de Orlandi (1997), "a política do silêncio se define pelo fato de que ao dizer algo apagamos necessariamente outros sentidos possíveis, mas indesejáveis, em uma situação discursiva dada" (p. 75). O silêncio, então, "trabalha os limites das formações discursivas, determinando conseqüentemente os limites do dizer" (p. 76). O texto, portanto, é a unidade de análise e o discurso passa pelo texto, deixando marcas que podem ser apreendidas pelos sentidos.

Mas os sentidos não concorrem com igualdade em uma dada sociedade em virtude da à produção ideológica dos discursos *dominantes*; por isso,

> a sedimentação de processos de significação se faz historicamente, produzindo a institucionalização do sentido dominante. Dessa institucionalização decorre a legitimidade, e o sentido legitimado fixa-se então como centro, o sentido oficial, literal (Orlandi, 1999, p. 25).

Essa fabricação e imposição de um sentido "oficial" sustentam os discursos da classe dominante que são previamente autorizados a circular na sociedade como discursos válidos sobre o homem, sobre a natureza e sobre a relação com o mundo. Tais discursos são denominados por Chauí (1993) "discursos competentes"; eles atingem uma tal determinação porque podem ser proferidos, ouvidos e aceitos como verdadeiros, ou autorizados porque perderam os laços com o lugar e o tempo de sua origem. É justamente por isso que Chauí (1993) afirma que a burocratização das sociedades contemporâneas e a idéia de organização encontram-se na base desse fenômeno.

APRESENTAÇÃO E DISCUSSÃO DOS RESULTADOS

No fundo da prática científica existe um discurso que diz: "nem tudo é verdadeiro; mas em todo lugar e a todo momento existe uma verdade a ser dita e a ser vista, uma verdade talvez adormecida, mas que no entanto está somente à espera de nosso olhar para aparecer, à espera de nossa mão para ser desvelada..."

Michel Foucault, Microfísica do poder.

Os trâmites no sistema de justiça: a atuação da polícia judiciária

Qualquer fato criminoso só passa a existir para o Estado no ato de sua comunicação. Estima-se que os casos que chegam ao conhecimento do poder público representam apenas 10% dos casos de violência ocorridos com crianças e adolescentes (*Folha de S.Paulo*, 14/7/2000). Esse baixo percentual de denúncias ocorre, também, quando se tratam de outros crimes; os estudos do Núcleo de Estudos da Violência (NEV) da USP têm apontado que boa parte das pessoas não acredita na justiça e, por isso, não a acessa quando se torna vítima de crimes.[27]

O descrédito nos órgãos que deveriam, no exercício do direito, aplicar a justiça atinge grande parte da população brasileira. Isso faz com que, em diversos momentos, as pessoas envolvidas nos conflitos criminais ou por eles atingidas de alguma forma tentem "fazer justiça com as próprias mãos". Não são raros os casos de linchamento de presos que cometeram crimes considerados bárbaros pela comunidade de detentos (Menandro e Souza, 1991). Eles próprios não acreditam no sistema a que estão submetidos e, por isso, constituem procedimentos penais alternativos.

Um estudo realizado por Souza Santos (1999) nas favelas do Rio de Janeiro dos anos 1970 apontou resultados que também com-

[27]. Os resultados divulgados de uma pesquisa realizada pelo IBGE em 1997 e 1998 revelaram que 72% das pessoas que foram vítimas de algum conflito criminal não acessaram a justiça.

provam tal situação. O autor observou a existência, no interior dessas comunidades urbanas, de "um direito informal não-oficial, não-profissionalizado, centrado na Associação de Moradores que funcionava como instância de resolução de litígios entre vizinhos, sobretudo nos domínios das habitações e da propriedade da terra" (p. 175). A análise de estudos com objetivos semelhantes permite concluir o seguinte:

> Em primeiro lugar, de um ponto de vista sociológico, o Estado contemporâneo não tem o monopólio da produção e distribuição do direito. Sendo embora o direito estatal o modo de juridicidade dominante, ele coexiste na sociedade com outros modos de juridicidade, outros direitos que com ele se articulam de modos diversos (Souza Santos, 1999, p. 175-6).

Tendo chegado à delegacia a comunicação de um fato criminoso, o delegado deve abrir um inquérito policial. A polícia judiciária[28] tem como finalidade apurar e elucidar os delitos identificando seu autor, apurando fatos e reunindo o maior número possível de elementos que constituirão as provas contra o acusado. A polícia judiciária tem a tarefa de auxiliar o Ministério Público, que poderá, mediante as provas encaminhadas, oferecer denúncia ou queixa[29] contra o autor do ato criminoso, dando início à ação penal propriamente dita.

A única Delegacia no Estado do Espírito Santo, até a presente data, que trata exclusivamente de casos referentes a crimes contra crianças e adolescentes foi criada em 1993. A Delegacia de Proteção à Criança e ao Adolescente (DPCA), mesmo sendo única e tendo uma demanda bastante significativa, não recebe ainda tratamento de Delegacia Especializada. Por esse motivo, a DPCA carece de pessoal de apoio, como psicólogos e assistentes sociais, e de uma infra-estrutura adequada.

Sabemos que os números disponibilizados pela DPCA não dão a magnitude exata do fenômeno no Estado, pois, como falamos acima, a maioria dos casos não chegam a ser oficializados. Ainda assim, os

---

[28] "Judiciária" é um qualitativo dado à polícia civil, que tem como função ajudar o Judiciário na busca de provas.

[29] A denúncia é oferecida em casos de crimes de ação pública e a queixa é oferecida nos casos de ação privada. Mais informação a esse respeito, ver Rocha (2000).

dados que apresentaremos permitem esboçar um panorama dos casos atendidos por essa Delegacia no período de 1997 a 2000.

Os dados foram por nós organizados a partir de levantamentos estatísticos que estavam disponíveis na Delegacia. A tarefa, no entanto, não se mostrou simples, visto que a natureza dos relatórios era diversa e que os formulários não mantiveram o mesmo padrão durante o correr dos anos. Utilizamos as mesmas categorias existentes nos relatórios mensais da Delegacia, mas não foi possível qualquer alteração, dado que as fontes (inquéritos) já não se encontravam na Delegacia. Além disso, o período de 1997 a 2000 foi definido também por força das circunstâncias, uma vez que registros anteriores a essa data eram escassos e apresentavam várias características que tornavam os dados duvidosos.

Os dados encontrados serão apresentados em forma de tabelas. Para possibilitar uma melhor compreensão do fenômeno, descreveremos os artigos do CPB adotados pela DPCA na categorização dos crimes.

Abandono/Negligência – Art. 136 do CPB -- Expor a perigo a vida ou a saúde de pessoa sob sua autoridade, guarda ou vigilância, para fim de educação, ensino, tratamento ou custódia, quer privando-a de alimentação ou cuidados indispensáveis, quer sujeitando-a a trabalho excessivo ou inadequado, quer abusando de meios de correção ou disciplina:

Agressão física/Maus-tratos – Art. 136 ou 129 do CPB – Ofender a integridade corporal ou a saúde de outrem.

Ameaças diversas – Art. 147 do CPB – Ameaçar alguém, por palavra, escrito ou gesto, ou qualquer outro meio simbólico, de causarlhe mal injusto e grave.

Atentado violento ao pudor – Art. 214 do CPB – Constranger alguém, mediante violência ou grave ameaça, a praticar ou permitir que com ele se pratique ato libidinoso da conjunção carnal.

Corrupção de menores – Art. 218 do CPB – Corromper ou facilitar a corrupção de pessoa maior de 14 anos e menor de 18 anos, com ela praticando ato de libidinagem, ou induzindo-a a praticá-lo ou presenciá-lo.

Estupro – Art. 213 do CPB – Constranger mulher à conjunção carnal, mediante violência ou grave ameaça.

Prostituição – Art. 228 do CPB – Induzir ou atrair alguém à prostituição, facilitá-la ou impedir que alguém a abandone.

Sedução – Art. 217 do CPB – Seduzir mulher virgem, menor de 18 anos e maior de 14, e ter com ela conjunção carnal, aproveitando-se de sua inexperiência ou justificável confiança.

Rapto violento ou mediante fraude – Art. 219 do CPB – Raptar mulher honesta, mediante violência, grave ameaça ou fraude, para fim libidinoso.

Rapto Consensual – Art. 220 do CPB – Se a raptada é maior de 14 anos e menor de 21 e o rapto se dá com seu consentimento.

Subtração de incapaz – Art. 249 do CPB – Subtrair menor de 18 anos ou interdito ao poder de quem o tem sob sua guarda em virtude de lei ou de ordem judicial.

Tabela 1 – Distribuição das ocorrências recebidas pela DPCA no ano 1997 conforme o tipo de crime.

DESCRIÇÃO	TOTAL	GRAU DE PARENTESCO				FAIXA ETÁRIA		
		Pais	Mad/ Pad	Parentes	Outros	0 a 6	7 a 11	12 a 17
Abandono/ Negligência	59	-	-	-	-	-	-	-
Agressão física/ Maus-tratos	511	-	-	-	-	-	-	-
Ameaças diversas	77	-	-	-	-	-	-	-
Atentado violento ao pudor	52	-	-	-	-	-	-	-
Corrupção de menores	6	-	-	-	-	-	-	-
Estupro	44	-	-	-	-	-	-	-
Prostituição	1	-	-	-	-	-	-	-
Sedução	31	-	-	-	-	-	-	-
Rapto consensual	11	-	-	-	-	-	-	-
Subtração de incapaz	63	-	-	-	-	-	-	-
Outros	28	-	-	-	-	-	-	-
TOTAL	883	227	87	68	501	149	191	543

A distribuição dos crimes ocorridos em 1997 não pode ser detalhada quanto ao grau de parentesco e faixa etária para cada crime porque as folhas de estatística mensal não estavam todas disponíveis.

Tabela 2 – Distribuição das ocorrências recebidas pela DPCA no ano 1998 conforme o tipo de crime, o grau de parentesco e a faixa etária da vítima.

DESCRIÇÃO	TOTAL	GRAU DE PARENTESCO				FAIXA ETÁRIA		
		Pais	Mad/ Pad	Parentes	Outros	0 a 6	7 a 11	12 a 17
Abandono/ Negligência	14	13	0	0	1	7	3	4
Agressão física/ Maus-tratos	413	95	20	20	278	53	81	279
Ameaças diversas	38	5	0	1	32	1	6	31
Atentado violento ao pudor	61	3	7	6	45	10	26	25
Corrupção de menores	4	0	0	1	3	0	1	3
Estupro	53	10	01	0	42	4	10	39
Prostituição	2	1	0	1	0	0	2	0
Sedução	9	0	0	0	9	0	0	9
Rapto consensual	3	0	0	0	3	0	0	3
Subtração de incapaz	32	8	1	0	23	8	4	20
Outros	8	0	0	0	8	0	1	7
TOTAL	637	135	29	29	444	83	134	420

Tabela 3 – Distribuição das ocorrências recebidas pela DPCA no ano 1999 conforme o tipo de crime, o grau de parentesco e a faixa etária da vítima.

DESCRIÇÃO	TOTAL	GRAU DE PARENTESCO				FAIXA ETÁRIA		
		Pais	Mad/ Pad	Parentes	Outros	0 a 6	7 a 11	12 a 17
Abandono/ Negligência	38	34	0	1	3	15	10	13
Agressão física/ Maus-tratos	681	217	33	36	395	82	132	467
Ameaças diversas	56	10	2	4	40	2	5	49
Atentado violento ao pudor	90	9	6	5	70	13	27	50
Corrupção de menores	28	2	0	0	26	0	3	25
Estupro	116	7	9	2	98	9	23	84
Prostituição	14	0	0	0	14	0	1	13
Sedução	13	0	0	0	13	0	0	13
Rapto consensual	9	1	0	0	8	0	1	8
Subtração de incapaz	64	21	0	6	37	17	9	38
Outros	14	0	0	0	14	0	1	13
TOTAL	1.123	301	50	54	718	138	212	773

Tabela 4 – Distribuição das ocorrências recebidas pela DPCA no ano 2000 conforme o tipo de crime, o grau de parentesco e a faixa etária da vítima

DESCRIÇÃO	TOTAL	GRAU DE PARENTESCO				FAIXA ETÁRIA		
		Pais	Mad/ Pad	Parentes	Outros	0 a 6	7 a 11	12 a 17
Abandono/ Negligência	44	43	0	0	1	17	17	10
Agressão física/ Maus-tratos	888	295	60	73	460	142	177	569
Ameaças diversas	113	15	5	3	90	7	14	92
Atentado violento ao pudor	153	11	30	12	100	34	50	69
Corrupção de menores	25	1	0	1	23	0	1	24
Estupro	135	17	8	4	106	12	27	96
Prostituição	32	2	0	2	28	0	0	32
Sedução	15	0	1	0	14	0	0	15
Rapto consensual	17	0	0	0	17	0	0	17

Como podemos ver nas tabelas acima, o número de registros cresceu em 83%, no período compreendido entre 1997 e 2000. Alguns estudiosos da violência doméstica contra crianças costumam afirmar que essa modalidade de violência não cresceu nos últimos anos: apenas começou a ser mais encaminhada aos órgãos públicos (Archard, 1993). No entanto, a criminalidade em geral veio crescendo, principalmente em casos de homicídios e de roubo, conforme os dados apresentados por Adorno (1998), um crescimento da ordem de 18,4% nos crimes violentos num período de seis anos, entre 1988 e 1993, no Estado de São Paulo. Como a DPCA registra crimes em geral, domésticos e não-domésticos, acreditamos que esses números de fato representem algum crescimento.

Tabela 5 – Distribuição dos crimes registrados na DPCA no período de 1997 a 2000 conforme os municípios de ocorrência e ano de registro.

Ano do	Municípios					Total
registro	Vitória	Cariacica	Vila Velha	Serra	Viana	
1997	363	227	162	114	17	883
1998	247	165	126	82	17	637
1999	444	306	234	121	18	1.123
2000	561	456	339	238	19	1.613
Total	1.615 38%)	1.154 (27%)	861 (20%)	555 (13%)	71 (2%)	4.256 (100%)

Podemos ver também que a localidade que mais apresentou ocorrências à DPCA foi Vitória. Acreditamos que esse dado não indica que o município de Vitória seja a localidade em que mais ocorrem violências, comparada aos outros municípios da Grande Vitória. O mais provável é que o município, por apresentar um número considerável de órgãos governamentais e não-governamentais de defesa dos direitos humanos, desperte, de alguma forma, a população para a denúncia quando os seus direitos são desrespeitados. Além disso, a DPCA localiza-se em Vitória, podendo essa proximidade ser um fator facilitador e/ou motivador da denúncia.

Tabela 6 – Distribuição geral das ocorrências registradas na DPCA nos anos de 1997 a 2000 conforme os crimes em geral, os crimes de violência física e os crimes de violência sexual.

Ano	Crimes em Geral	Violência física Maus-tratos	%	Violência sexual	%	Outros	%
1997	883	511	58	141	16	231	26
1998	637	413	65	132	21	92	14
1999	1.123	681	61	270	24	172	15
2000	1.613	888	55	377	23	348	22
Total	4.256	2493	59	904	21	859	20

Os crimes sexuais são, conforme o Código Penal Brasileiro, os crimes de atentado violento ao pudor, corrupção de menores, estupro, prostituição, sedução e rapto consensual qualificados como crimes contra o costume.

Podemos ver, na Tabela 6, que o maior número de denúncia refere-se a agressões físicas (59%). Mas constatamos que essas agressões são menos encaminhadas ao poder judiciário quando, depois de observações informais[30], consultamos o livro de inquéritos e recolhemos dados dos processos quanto ao tipo de crime no período de janeiro de 1998 a dezembro de 2000 em uma das Varas Criminais, conforme se vê na Figura 1.

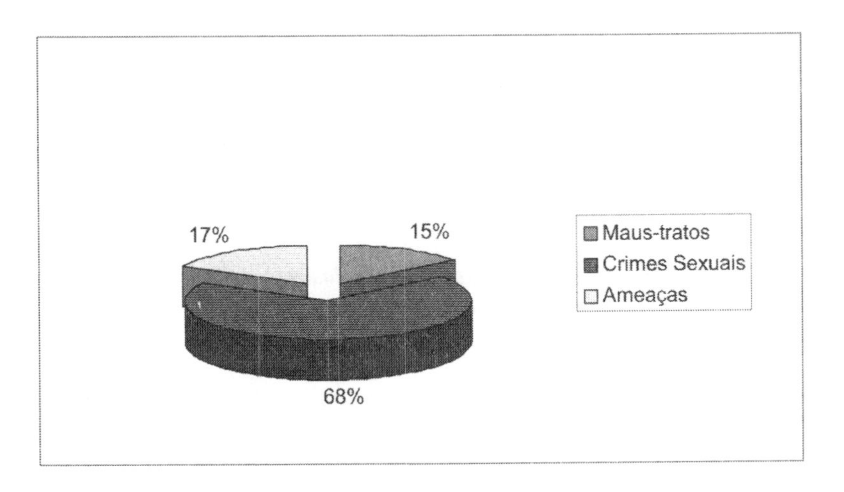

Figura 1 - Distribuição dos processos referentes aos crimes contra crianças e adolescentes encontrados nas Varas Criminais de um município da Grande Vitória, no período de 1998 a 2000.

Dos 43 crimes notificados, seis referiam-se a maus-tratos, sete a ameaças e 30 referiam-se a crimes de natureza sexual, entre eles estupro (13 casos), atentado violento ao pudor (15 casos) e sedução

[30] Essas observações foram feitas quando consultávamos os livros de registro de ação penal procurando os crimes enquadrados no artigo 136 do CPB.

(2 casos). Ainda analisando a Tabela 6, vemos que, quando se trata de violência física e maus-tratos, a porcentagem não se alterou muito quando se comparam os dados de 1997 e 2000. Porém, quando se trata de violência sexual, a porcentagem passa de 16% em 1997 para 23% em 2000; um aumento considerável, quando se trata de um crime ainda muito ocultado e entendido como tabu em nossa sociedade.

Tabela 7 – Distribuição geral das ocorrências registradas na DPCA nos anos de 1997 a 2000 conforme o autor do crime.

Ano	Ocorrências Geral	Pais		Padrasto Madrasta		Parentes		Outros	
		Nº	%	Nº	%	Nº	%	Nº	%
1997	883	227	26	87	10	68	8	227	26
1998	637	135	21	29	5	29	5	135	21
1999	1.123	301	27	50	4	54	5	301	27
2000	1.613	437	27	111	7	103	6	437	27
Total	4.256	1.100	26	277	7	254	6	1.100	26

Tabela 8 – Distribuição geral das ocorrências registradas na DPCA nos anos de 1998 a 2000 conforme o autor do crime nos casos de violência física, violência sexual e crimes em geral.

Tipo de crime/ grau de parentesco		Total	Pais		Padrasto Madrasta		Parentes		Outros	
			Nº	%	Nº	%	Nº	%	Nº	%
Violência Física	1998	413	95	23	20	5	20	5	278	67
	1999	681	217	32	33	5	36	5	395	58
	2000	888	295	33	60	7	73	8	460	52
	Total	1.982	607	30	113	6	129	7	1133	57
Violência Sexual	1998	132	14	11	8	6	8	6	102	77
	1999	270	19	7	15	6	7	2	229	85
	2000	377	31	8	39	10	19	5	288	77
	Total	779	64	8	73	8	34	5	619	79
Crimes em geral	1998	637	135	21	29	5	29	5	444	69
	1999	1123	301	27	50	4	54	5	718	64
	2000	1613	437	27	111	7	103	6	962	60
	Total	3373	873	26	190	6	186	5	2124	63

Em relação aos crimes, a categoria "outros" responde pela autoria do crime em todas as modalidades de violência. Pelo que vemos noticiado pela imprensa, os "outros" costumam ser vizinhos ou amigos da família da vítima.

Tabela 9 – Distribuição geral das ocorrências registradas na DPCA nos anos de 1998 a 2000 conforme a idade das vítimas nos casos de violência física, violência sexual e crimes em geral.

Tipo de crime/ grau de parentesco		Total	0 a 6 anos		7 a 11 anos		12 a 17 anos	
			Nº	%	Nº	%	Nº	%
Violência Física	1998	413	53	13	81	20	279	67
	1999	681	82	12	132	19	467	69
	2000	888	142	16	177	20	569	64
	Total	1.982	277	14	390	20	1315	66
Violência sexual	1998	132	14	11	39	30	79	59
	1999	270	22	8	55	20	193	72
	2000	377	46	12	78	21	253	67
	Total	779	82	11	172	22	525	67
Crimes em Geral	1998	637	83	13	134	21	420	66
	1999	1123	138	12	212	19	773	69
	2000	1613	263	16	313	20	1037	64
	Total	3373	484	14	659	20	2230	66

A Tabela 9 revela a idade da vítima que, em geral, concentra-se na faixa etária de 12 a 17 anos. As crianças na faixa etária de 7 a 11 anos têm uma presença maior, em termos de porcentagem, quando se trata de violência sexual comparada à violência física.

Depois de 30 dias, que é o prazo máximo para que se conclua o inquérito policial, todo o material recolhido pela Delegacia (provas, depoimento do indiciado, laudos médicos, depoimentos de testemunhas) é encaminhado ao Judiciário. Os inquéritos chegam aos Cartórios Judiciais, sendo então encaminhados para as varas de Justiça Criminal. O juiz, por seu turno, abre vistas para o Promotor de Justiça. Este, após ter recebido o material colhido pela delegacia, poderá oferecer denúncia contra o indiciado, pedir ao juiz o arquivamento do processo ou devolvê-lo à delegacia. No primeiro caso, se

> há indícios de autoria, comprovada materialidade, há oferecimento de denúncia. Aí vai correr o processo. Aí vai ter interrogatório, se vai ser citado, o réu denunciado, vai ter interrogatório. Depois vai ter defesa prévia por parte do acusado, apresentado pelo defensor. Aí depois a gente vai ouvir testemunha de acusação, testemunha de defesa, até chegar em alegações finais, depois sentença. (Promotor de Justiça)

No segundo caso, o promotor poderá requerer ao juiz o arquivamento do inquérito, caso não encontre indícios de autoria e indícios de materialidade ou remeter novamente à autoridade policial, quando achar que as investigações não foram suficientes. Nesse último caso, a delegacia tem mais 30 dias para concluir o inquérito e remetê-lo novamente ao Promotor[31].

O Promotor, como representante do Estado[32], tem por tarefa "expor a pretensão de punir o agente criminoso ou, se for o caso, quando as provas demonstrem a inocência do acusado, a de propugnar pela absolvição" (Rocha, 2000, p. 44).

> O Ministério Público defende a sociedade. Certo? É como diz o grande nobre autor Pontes de Miranda: "O Ministério Público representa a sociedade em juízo". A gente defende a sociedade, né? O Ministério Público não é só um órgão acusador. Ele é acusador sim, mas ele é fiscal da lei também (Promotor de Justiça. Depoimento).

Após a coleta dos dados, ficou confirmado que havia muitos crimes oficializados à Delegacia. Cabia então investigar os tipos de encaminhamento que lhes eram dados, o que acabou por revelar uma discrepância significativa entre o número de crimes comunicados à Delegacia e o número de inquéritos encaminhados ao Judiciário. Dessa forma, podemos pensar que para muitos crimes não são instaurados inquéritos ou que muitos inquéritos não seguem o destino que deveriam, e acabam ficando arquivados na própria Delegacia.

---

31. Quando o autor do crime é preso em flagrante esse prazo é de 10 dias.

32. A promotoria não pertence ao Poder Executivo nem ao Poder Judiciário, ela é um órgão independente e nesse sentido é dito que representa o Estado porque teoricamente ela deveria defender os interesses da sociedade.

Tabela 10 – Distribuição dos registros de ocorrências encaminhados ao poder judiciário no período de 1997 a 2000 nas formas de inquéritos policiais e termos circunstanciais.

Tipo	1997	1998	1999	2000
Inquéritos policiais encaminhados à justiça	262	342	275	395
Termos circunstanciados encaminhados à justiça	08	32	61	124
Total de encaminhamentos	270	374	336	519
Total de registros	883	636	1123	1613
Porcentagem de inquéritos ou termos circunstanciais encaminhados	31%	59%	30%	32%

Como podemos ver na Tabela 10, a porcentagem de inquéritos ou termos circunstanciais encaminhados ao Judiciário varia de 30% a 59%. Além desses números, encontramos algumas observações nas folhas de estatística anual que podem servir como base para algumas análises. No ano de 1997, verificamos as seguintes observações: 70% das ocorrências no município de Serra e de Cariacica foram encaminhadas ao Conselho Tutelar; de julho a meados de dezembro ficou paralisada a parte cartorial e investigatória. Em 1998, as observações foram: 50% das ocorrências resolvidas por meio de intimação das partes; 30% registradas para fins judiciais; em 20% foram instaurados inquérito policial. E, em 1999, constava: "falta de viatura".

Além dessas observações que indicam uma precariedade nas condições de trabalho, observamos que o número de registros de ocorrência aumentou em 83%, de 1997 a 2000; o número de profissionais que trabalham na delegacia, no entanto, continua o mesmo, tanto quanto as condições físicas, que não se alteraram, ao menos nos seis anos que precederam nossa pesquisa.

Consideradas essas particularidades, podemos partir para o questionamento das observações feitas. Será que é papel da polícia a resolução dos conflitos, como alguns dados sugerem? Será que ela dispõe de meios suficientes para os procedimentos de investigação?

Será que, sendo instaurado um inquérito, ela tem o direito legal de não encaminhá-lo à Justiça?

Ora, sabemos que do ponto de vista jurídico as respostas para essas perguntas deveriam ser negativas. Podemos, até mesmo, explicitar outros questionamentos: quando vemos um dado como este, de que 50% das ocorrências foram resolvidas por meio de "intimação das partes", perguntamo-nos: o que é "resolver", para a polícia? Podemos supor que "casos simples" sejam "resolvidos" pela polícia e "casos graves" sejam encaminhados ao Judiciário. Agora, sendo essa hipótese verdadeira, quais os critérios e os meios utilizados para classificar uma ação como "simples" ou "grave"? Procurar respostas consistentes para esse tipo de questões implica, é claro, buscar também identificar o contexto de crise por que passa o sistema judiciário, como um todo, como em alguns dos casos já citados neste trabalho.

Adorno (1998), no entanto, lista alguns dos problemas surgidos com a crise de ordem financeira. No domínio das agências policiais, por exemplo, ressalta-se a "deterioração dos salários, dos recursos materiais, dos equipamentos, das instalações, com sérias repercussões nas funções de policiamento preventivo e judicial" (p. 235). No domínio da Promotoria Pública e do Poder Judiciário, Adorno destaca o número insuficiente de promotores e juízes, que não conseguem acompanhar o crescimento da criminalidade. Há, portanto, que se considerar que, com o aumento da criminalidade, há também um aumento do arbítrio da polícia judiciária,

> que pressionada pela escassez de recursos, acaba se tornando cada vez mais seletiva na produção de inquéritos, reservando-os aos delitos considerados mais "graves" ou mais "importantes". Assim procedendo, expande os mecanismos informais de atuação policial (p. 237).

Por outro lado, também o Judiciário tende a semelhante esgotamento, que tende a induzir a uma maior cobrança na apuração dos fatos, além de tornar-se igualmente seletiva. "Abranda as cominações penais em casos considerados pouco "graves" ou irrelevantes, evitando pressionar o sistema penitenciário, sobrecarregado com a superpopulação carcerária" (Adorno, 1998, p. 237). Resumindo, "o resultado mais visível desta crise do sistema de justiça criminal é, sem dúvida, a impunidade penal" (p. 237).

Chegando ao Judiciário, o inquérito transforma-se em processo, sendo registrado no livro de Ação Penal. A partir daí, o juiz poderá ouvir novamente vítimas, réus e testemunhas. A característica mais forte do processo, no entanto, é que ele reúne as opiniões dos operadores do Direito a respeito do caso, assim como o pronunciamento do advogado de defesa.

Dos nove processos estudados, oito haviam sido suspensos por terem sido enquadrados na lei nº 9.099/95, que estabelece o seguinte:

> Nos crimes em que a pena mínima cominada for igual ou inferior a um ano [...] o Ministério Público, ao oferecer a denúncia, poderá propor a suspensão do processo, por dois a quatro anos, desde que o acusado não esteja sendo processado ou não tenha sido condenado por outro crime [...]. (Art. 89).

Essa lei possibilitou que os réus processados fossem "absolvidos", não recebendo nenhuma penalidade pelo ato que viessem a ter cometido. Podemos, certamente, supor que muitos dos crimes cometidos contra a criança enquadrem-se nesse dispositivo legal, uma vez que o mecanismo de produção de provas é frágil quando se trata de avaliar um crime contra crianças, enfraquecendo os indícios de materialidade e gravidade dos casos. Uma das justificativas para a aplicação da lei 9.099/95 baseia-se na determinação da gravidade das lesões; existe um mecanismo que determina um aumento de pena de 1/3 para os crimes cometidos contra "menores" de 14 anos. Em todo caso, esse aumento, nos casos de lesões leves, não ultrapassa um ano, o que permite aos réus serem julgados pela letra original da lei 9.099/95[33].

Outra dificuldade na avaliação da gravidade dos danos refere-se aos diagnósticos médicos que, não sendo adequados para a avaliação de lesões em crianças (os parâmetros adotados para a emissão do laudo são os mesmos para diagnósticos em quaisquer faixas etárias), não conseguem reconhecer a gravidade dos danos causados às vítimas infantis. Quando se trata de crimes em que as seqüelas não são de ordem física, a construção

33. Conforme Gomes (2002), o STJ acaba de ampliar o limite da pena para dois anos. De acordo com o professor de Direito Penal, cerca de 90% dos crimes previstos na legislação brasileira são alcançados por esse limite.

de provas fica ainda mais prejudicada. Além disso, outro fator de muita relevância no julgamento dos casos é a vida pregressa do réu, o que, conforme a lei 9.099, leva à isenção de penalidade quando o acusado é réu primário e quando, concomitantemente, a sua pena for de até um ano.

Essas comprovações de uma seleção nos trâmites dos inquéritos levaram-nos a consultar também, além do Livro de Ação Penal, o Livro de Inquérito nas três Varas Criminais nas quais realizamos nossa pesquisa. A hipótese era de que poderia haver discrepância entre o número de registros de inquéritos e o número de processos instaurados, uma vez que nem todos os inquéritos que chegam ao judiciário são denunciados pelo Ministério Público. Os números encontrados, porém, não apenas deixam de sustentar nossa hipótese, como apontam para problemas de registros, uma vez que os números encontrados não indicam coerência na tramitação do processo que deveria seguir o seguinte percurso: 1º) Logo que chegasse, o inquérito deveria ser registrado no livro de Inquérito Policial; 2º) Ser encaminhado para o juiz que, por sua vez, deveria abrir vistas ao Promotor Público; 3º) O promotor deveria denunciar o autor do crime, arquivar o inquérito ou remetê-lo novamente à Delegacia; 4º) Sendo denunciado, o processo iria então para registro no Livro de Ação Penal.

Os dados apresentados na Tabela 11 nos autorizam, na melhor das hipóteses, a pensar que alguns inquéritos não são registrados, passando de imediato para o Ministério Público, e que outros não se transformam em processos, nos casos de parecer desfavorável à denúncia feito pelo Ministério Público.

Tabela 11 – Distribuição geral dos registros de inquéritos chegados ao Judiciário e os registros de processos durante o período de 1995 a 2000.

ANO	INQUÉRITOS	PROCESSOS
1995	1	2
1996	0	0
1997	3	0
1998	0	1
1999	4	1
2000	5	3
TOTAL	13	7

Maiores reflexões a respeito desses dados só procederiam mediante uma investigação mais detalhada, até mesmo ouvindo o pessoal que trabalha na elaboração desses registros. Em todo caso, os dados permitem-nos concluir com Adorno (1998) que

> certo ou não, a imagem flagrante do sistema de justiça criminal é de um funil: extremamente largo na base – área na qual os crimes são oficialmente detectados – e excessivamente estreito no gargalo, região onde se situam aqueles crimes cujos autores chegaram a ser processados e condenados (p. 240).

Há, contudo, que se considerar um outro lado da questão:

> Se muitos crimes deixam de ser condenados, isso não significa dizer que a justiça penal é pouco rigorosa. A isenção de aplicação das leis penais em áreas determinadas é quase compensada pela aplicação viesada das sanções penais que recaem preferencialmente sobre determinados grupos, como negros e migrantes [...]. (Adorno, 1998, p. 241).

Esse tipo de atuação do sistema de justiça no Brasil consolida as desigualdades sociais; ao mesmo tempo, permite-nos entender o cenário político em que nos encontramos, no qual a impunidade diante de alguns tipos de crime gera uma população carcerária incompatível com a real população criminosa do país.

Os sujeitos e os fatos descritos no processo

Sobre os acusados

Confirmando resultados de pesquisas anteriores, em oito dos nove processos analisados a mãe figurou como a agressora dos filhos, restando apenas um atribuído ao pai. A idade dos réus variou entre 21 e 29 anos.

Quanto à escolaridade, um dos sujeitos cursou até a 3ª série primária, cinco cursaram até a 4ª série, um cursou até a 6ª série e um cursou até a 7ª série. Constava ainda, nos boletins de ocorrência, que um sujeito era analfabeto. As atividades profissionais desenvolvidas pelos sujeitos foram descritas como: "auxiliar de obra", "doméstica", "vendedora autônoma", "lavadeira", "descarregador de caminhão", "gari" e "do lar".

Quanto ao estado civil, a maioria dos indiciados eram solteiros – cinco sujeitos –, sendo um separado e amasiado, um solteiro e concubinato, um casado e um amasiado. O número de filhos variou entre dois e quatro. Apesar do estado de pobreza evidenciado pelos dados econômicos, sete indiciados eram proprietários de casa própria.

Quanto à presença de vícios, nenhum indiciado respondeu possuir vícios de bebida, fumo ou outros, apesar de um dos crimes ter acontecido logo após a ingestão de bebida alcoólica, como narram os fatos no inquérito policial. Nos outros processos, em momento algum ficou registrado o uso de drogas precedendo os acontecimentos.

Sobre as vítimas

As vítimas somaram onze crianças, com idade variando entre recém-nascidos a 12 anos[34]. Sete crianças estavam acima de 7 anos. Oito crianças eram do sexo feminino e três do sexo masculino.

Quando à escolaridade das vítimas, para uma constava a 1ª série (criança com 12 anos), para uma a 2ª série e outra a 3ª série. Uma criança analfabeta (11 anos); em relação aos outros cinco sujeitos, não constavam informações. Essa realidade da vida escolar sugere haver negligência por parte da família, visto que das sete crianças em idade escolar obrigatória, somente três pareciam freqüentar a escola[35].

---

34. Apesar do ECA estabelecer o limite de 11 anos para criança, analisaremos o caso considerando esse sujeito também criança visto que quando foi vítima ele tinha 11 anos.

35. O verbo foi usado no futuro do pretérito porque o fato de terem registrado uma escolaridade não garante que elas estavam freqüentando a escola naquele momento.

Sobre os denunciantes

Em sete inquéritos o denunciante aparecia especificado, conforme a relação com a vítima: tio(a), dois; avó, um; vizinho(a), dois; diretora de escola, um; conselho tutelar, um. Três denunciantes eram do sexo masculino e três do sexo feminino. A idade dos denunciantes constou de apenas três inquéritos: 33 anos, 35 anos e 54 anos.

Sobre a duração dos inquéritos e dos processos

Apesar da duração máxima de um inquérito prevista no Código de Processo Penal ser de 30 dias, os inquéritos por nós analisados tiveram a duração média de 334 dias. Somente dois ocorreram nos prazos legais: um durou quatro dias e outro durou 30. Em um processo em que o acusado estava preso, por ter sido pego em flagrante delito, o processo durou 13 dias, extrapolando o limite para esses casos, que é de 10 dias. A maior duração foi de 1.239 dias, seguido de 870 dias, de 418 dias, de 210 dias, de 170 dias, 58 dias, 30 dias, 13 dias e, por fim, de 4 dias.

Tais dados atestam a precariedade do sistema judiciário desde sua primeira instância (a polícia judiciária), além de contribuir para o estabelecimento de determinados viéses, como a longa distância entre a ocorrência dos fatos e o seu julgamento, possibilitando até mesmo o desaparecimento do indiciado.

Quanto a reuniões de provas, em todos os inquéritos constavam o depoimento do indiciado e o depoimento de pelo menos uma testemunha. Em cinco inquéritos houve o depoimento da vítima; em sete constou o exame de lesões corporais.

Os processos tiveram duração média de 202 dias, sendo em ordem decrescente as seguintes durações: 354 dias, 343 dias, 333 dias, 172 dias, 157 dias, 156 dias, 138 dias e 13 dias. Somando o tempo decorrido entre inquérito e processo, obtivemos como duração média do trâmite na justiça o intervalo de 578 dias. Seguindo o tempo total decorrido em ordem decrescente, temos: 1.377 dias, 1.203 dias,

751 dias, 590 dias, 513 dias, 367 dias, 214 dias, 161 dias e 26 dias. A morosidade do sistema de justiça também foi constatada na pesquisa de Corrêa (1983). Naquela ocasião, a autora constatou que em média, em Campinas, um processo ia a julgamento cerca de um ano após o crime. Analisando os dados obtidos e assumindo como referência o tipo de crime de que tratam os processos, podemos concluir que a criança vítima de violência permanece em situação de risco pessoal em média um ano e meio após a comunicação do crime à polícia.

Muitos casos de violência contra crianças têm sido noticiados pela imprensa, principalmente quando culminam em morte da vítima ou em seqüelas explícitas. Em geral, os relatos dos parentes ou vizinhos apontam para a existência de uma dimensão pública do fato, ou seja, algum órgão público já ter tomado conhecimento prévio do caso, geralmente hospitais e/ou escolas.

Os dados aqui apresentados permitem incluir o sistema de justiça entre as esferas públicas que demoram a agir nos casos de violência contra crianças, podendo contribuir para a ocorrência de casos fatais[36]. Ou, ainda, que a instância máxima que tem competência oficial para interferir nos casos de violência não está cumprindo o seu papel, deixando desamparados não somente as vítimas, como também os denunciantes que julgaram ser frutífera a atitude de comunicar um crime à instância jurídica.

Sobre os fatos

Os crimes cometidos pelos indiciados foram descritos nos inquéritos e/ou nos processos pelas testemunhas, acusados, operadores do direito e em alguns casos também pela vítima. Descreveremos os depoimentos relativos aos fatos para que tenhamos uma noção mais detalhada dos crimes; a escolha da fonte obedeceu a um critério de

---

36. Um caso dessa natureza foi divulgado pelo Jornal Nacional, da Rede Globo, no dia 18 de outubro de 2002, três dias após termos escrito essas conclusões. O caso ocorreu em Minas Gerais; a tia da criança de pouco mais de um ano tinha comunicado o caso à Justiça duas semanas antes de sua morte e também ao Conselho Tutelar, em um espaço de tempo maior. O laudo médico confirmou que a morte da criança foi causada por espancamento. O juiz justificou a omissão da justiça por haverem casos mais graves para serem julgados.

avaliação da narrativa segundo a qual buscou-se encontrar aquele que mais reunia dados relevantes sobre os fatos. Aos processos foram atribuídos, de forma aleatória, números que permitissem a sua identificação.

Caso 1

"Hoje por volta das 13:30 horas o seu primo G. encontrava-se na residência da depoente tendo levado a filha de 2 anos R., que a criança R. estava brincando com a filha da depoente a qual possui também 2 anos de idade, quando em dado momento as duas crianças desentenderam-se pelo fato de as duas quererem ficar com o mesmo brinquedo, quando em dado momento o G. passou a dar vários tapas na filha R. e em ato contínuo pegou a criança por um braço e uma perna, sentido horizontal, socando-a contra o chão por várias vezes, só parando quando a criança virou os olhos e ficou toda mole parecendo estar morta, que o G. não atendeu aos pedidos de clemência da depoente a qual implorava que ele parasse de espancar a criança indefesa; que ao ver que a criança estava "toda mole", o G. saiu pela rua carregando a criança nos braços, tomando destino ignorado, quando a depoente achando que a criança tinha morrido, fez contato via telefone, com a polícia dando ciência do fato; que a depoente acredita que seu primo G. não tenha bebido qualquer tipo de bebida alcoólica na data de hoje; que esta não é a primeira vez que seu primo G. bate na filha, tendo a própria depoente presenciado inúmeras vezes tal agressão; e mais não disse." (I. F. S. – testemunha que prestou depoimento constante no auto de flagrante.)

Caso 2

"[...] há mais de um ano trabalhava na casa do Sr. G. C., cuidando do filhinho dele de 5 anos de idade; que ele morava perto de sua casa [...], tendo pedido à mãe da adolescente para que ela fosse trabalhar com ele, com o que sua mãe concordou; que no início a adolescente trabalhava durante o dia, mas à noite ia para sua casa dormir, porém após algum tempo, G. mudou-se para o Bairro [...], que foi a partir daí que G. passou a estuprar a adolescente, sendo que desde a primeira vez a penetrou a vagina e no ânus, que a adolescente chorava muito, sentia dores terríveis e tinha sangramento vaginal, mas não gritava, pois G. amarrava sua boca com um pano, esclarecendo ainda que ele passava "cuspe" no pênis para penetrá-la [...][;] que quando mantinha relações sexuais com a adolescente G. chupava sua vagina e a obrigava a chupar seu pênis; que nas primeiras vezes em que G. manteve relações sexuais com a adolescente, sua vagina ficou machucada por dentro, assim ele mesmo comprou um creme para que ela usasse, até que sarou e parou o sangramento [...]que G. não deixava que a adolescente freqüentasse escola, esclarecendo que não se lembra porque também não freqüentou escola antes de ir trabalhar com ele. Que G. "ensinava" à adolescente em casa, e quando passava um dever difícil, que ela não sabia fazer, batia nela com vara de goiaba, outras vezes de socos e chutes, inclusive possui cicatrizes das lambadas de vara no rosto e nas costas; que ele batia também quando ela se recusava a manter relações sexuais com ele [...]." (Depoimento da vítima).

Caso 3

"Consta do Inquérito Policial, anexo, que no dia 14/12/95, por volta das 14:30h, a ora denunciada percebendo que estava em trabalho de parto, dirigiu-se até um quarto localizado na laje da residência onde trabalhava, situada à rua..., neste município e ali, sem qualquer ajuda, deu à luz a uma menina.

Sem nada dizer a sua patroa, continuou a trabalhar e na hora de costume foi embora, deixando a criança recém-nascida sozinha. No dia seguinte retornou e teve o mesmo procedimento, amamentando a criança até a hora de deixar o serviço. No sábado, por volta das 15 horas deixou o bebê na laje, sem roupas, banho ou alimentação, abandonada à própria sorte e só retornou na segunda-feira, ocasião em que contou para a patroa o ocorrido, levando, em seguida, a filha para a casa de uma amiga.

Assustada com o estado deplorável da criança a amiga da ora denunciada, pediu a uma vizinha que a ajudasse a cuidar da recém-nascida. O fato acabou chegando ao conhecimento da polícia que foi até o local, recolheu o bebê e o levou até a DPCA [...]" (Denúncia do MP).

Caso 4

"[...] No dia 16/3/95, a ora denunciada, mãe da criança L. O. S., encontrava-se em sua residência, enquanto a criança brincava com o tubo de pasta de dente.

Conforme relata a própria denunciada, a mesma perdeu a cabeça quando viu a filha espremendo o tubo, então pegou um cinto e deu-lhe diversas "cintadas", causando-lhe as lesões descritas no Laudo de Exame de Lesões Corporais acostado às fls. 15 dos autos" (Denúncia do MP).

Caso 5

"[...] noticia o Inquérito Policial que dá sustentáculo à presente Denúncia, que na madrugada de 19 de agosto de 2000, em horário não esclarecido, o denunciado, após ingerir bebida alcoólica, adentrou em sua residência, onde também habitam seus filhos, G. R. S., L. R. S., R. R. S. e B. R. A., todos menores, com 11, 10 , 7 e 5 anos, respectivamente e passou a espancar os ditos infantes, ensejando o Sr. G. B. A. (avô das vítimas) a levar os fatos ao conhecimento da autoridade policial.

Apurou-se, ainda, que de há muito vem o denunciado imprimindo maus-tratos nas vítimas, inclusive, instando R. R. A., sua esposa a abandonar a casa por não mais suportar os sofrimentos [...]." (Denúncia do MP).

Caso 6

"[...] Noticia o inquérito policial que dá sustentáculo à presente denúncia, que a infante J. J. V., de há muito, vinha sendo agredida por sua mãe adotiva, ora denunciada, que lhe batia com vara, correia e vassoura; abusando de meios de correção ou disciplina.

Noticiam, ainda, os autos, que a denunciada, por várias vezes, privava J. de alimentos indispensáveis, evidenciando, destarte, a habitualidade. Se não bastasse, também deixava J. passar a noite ao relento, expondo a perigo sua vida e saúde [...]" (Denúncia do MP).

Caso 7

"No dia 10 do mês de novembro de 1998, no cartório da DPCA, E. P. R. dos S. [...] disse que sua mãe havia feito carne e escondido para que ficasse para a janta, porém a informante e sua irmã P. encontraram e comeram, sendo que quem comeu primeiro foi sua irmã; que sua irmã ainda deu uns vidros de perfume para a colega F. que quando sua mãe chegou do trabalho e deu pela falta da carne e dos perfumes, deu uma surra de fio na informante e em sua irmã P., que conseguiu fugir; que após apanhar a informante ficou chorando, tendo sua mãe esquentado uma colher e passado em seu rosto, enquanto as primas A. e N. e as vizinhas J. e P. a seguravam para que não fugisse; que a informante não conseguia dormir devido às dores que sentia; que devido à força utilizada para segurá-la enquanto era queimada a informante ficou com os pulsos vermelhos; que ontem sua mãe queria queimá-la novamente porque não tinha limpado o fogão para sua irmã P. que só quer ficar brincando de boneca; que constantemente apanha da mãe com borracha ou vara; que também apanha do padrasto T. com cinto. Nada mais disse nem lhe foi perguntado, digo, que a mãe também a coloca de castigo, de joelhos na brita. Nada mais disse, nem lhe foi perguntado, encerrou-se o presente, que após lido e achado conforme, vai por todos assinado e por mim [...]" (Relato da vítima).

Caso 8

"[...] disse que é filha da autora E. N. de J.; que há cerca de 2 meses vem sendo maltratada pela mãe; que sua mãe a obriga a manter a casa arrumada, roupa lavada e passada e a cozinha limpa e ainda a cuidar de seu irmão de 8 anos; que quando a mãe chega do serviço e não encontra tudo como tinha mandado a informante é vítima de maus-tratos e também acaba sobrando para seu irmão, pois ela fica descontrolada e muito nervosa; que nesta data sua mãe chegou do serviço encontrando a cozinha toda suja e/ou desarrumada; que como punição a informante apanhou da mãe nas costas, utilizando-se para tal de uma corda de varal (nylon) que a informante pedia a sua mãe para que não continuasse a bater, pois doía muito; que no momento em que sua mãe parou de bater e foi guardar a corda de varal, a informante fugiu e refugiou-se na casa do vizinho; que o vizinho chamou a Polícia Militar, e foram encaminhadas até este DPJ; que seu irmão de 8 anos já foi vítima de maus-tratos por sua mãe, que cozinhava ovos de galinha e colocava nas mãos de seu irmão e o obrigava a segurar, como punição por ter apanhado vales-transporte da bolsa da mãe. Nada mais." (Relato da vítima).

Caso 9

"[...] disse que reside no mesmo quintal que a filha L., casada com E. S., tendo três filhos: P., 7 anos, D., 3 anos e D., 5 anos de idade; que L. e E. judiavam muito dos filhos, isso quando eram envolvidos com drogas, maconha, mas de uns tempos para cá, quando passaram a freqüentar a igreja, afastaram-se das drogas e assim melhoraram o tratamento com as crianças; que, mesmo assim, de vez em quando eles as agridem com violência, usando vara de goiaba, cinto dobrado, sandália, tapa na cara; Que há um mês atrás o pai E., ordenou que os filhos P. e D. tirassem as roupas e deu uma surra em cada um usando vara de goiaba, deixando-os com os corpos muito marcados; que após bater, E. ainda ordenou-lhes que tomassem banho frio e ficassem dentro de casa; Que hoje P. reclamou que estava com o braço inchado e doendo, pois tinha machucado no colégio; Que a depoente olhou e percebeu que ele tinha apanhado, e não machucado no colégio, conforme alegara; Que a depoente olhou as costas do menino e observou que tinha outras marcas de agressão; que o irmão da depoente, C. S. D., também viu marcas e ficou revoltado, quando questionaram o menino e ele acabou dizendo que tinha apanhado da mãe, com fio de eletricidade; que a depoente acredita que tenha apanhado mesmo do pai, pois ontem ele ouviu ele gritando com o filho. Nada mais disse nem lhe foi perguntado." (Depoimento da avó, testemunha arrolada no auto de prisão em flagrante).

O discurso jurídico a respeito dos maus-tratos contra crianças

Para analisarmos os textos produzidos pelos juízes nos processos quando do julgamento de crimes de maus-tratos contra crianças e adolescentes, dividiremos a análise dos dados em duas partes. Na primeira, faremos um estudo dos discursos jurídicos destacando, sempre que possível, os argumentos existentes nas sentenças.

Na segunda parte, analisaremos os argumentos explícitos ou implícitos contidos nos discursos, inferindo as premissas e as conclusões que não constam nos discursos, mas que dão sentido a ele. Após cada análise de dados, teceremos algumas conclusões a respeito dos resultados analisados, reservando a conclusão final a respeito da análise global dos resultados para o capítulo seguinte. Os discursos serão apresentados na mesma ordem em que foram apresentados os casos no item anterior.

Parte 1: análise dos discursos jurídicos

Discurso jurídico 1

> Após a oitiva das testemunhas arroladas pelo Ministério Público, cujos termos vão a seguir, pelo M. M. Dr. Juiz foi dito: que dava a palavra ao Ministério Público para as alegações finais; tendo requerido a condenação nos termos da denúncia eis que presente a materialidade, através do Laudo de fls. 38 e 39 e confessa a autoria em sintonia com as demais provas colhidas. Pela Defesa foi dito, que sendo réu primário e estando arrependido do fato, já tendo cumprido 4 meses de prisão, requeria a aplicação, pena mínima, com extinção da punibilidade pelo cumprimento da pena. Pelo M. M. Dr. Juiz foi prolatada a seguinte sentença: Vistos,

etc. [...] G. P. R., qualificado nos autos, foi denunciado como incurso nas sanções do artigo 136 do CPB pelo fato de no dia 27/02/95, nesta Comarca, ter deferido vários tapas e socos contra sua filha R. C. R., de apenas dois anos de idade, produzindo-lhe as lesões corporais. Recebida a denúncia, foi citado e interrogado. Apresentou Defesa Prévia. Na instrução prestaram depoimentos três testemunhas de Acusação, sendo duas comuns à defesa. Em Alegações Finais apresentadas pelas partes em audiência constantes do presente termo. Relato. Decido: Ao acusado é imposto o fato de expor a perigo de vida a pessoa de sua filha R. C. R., agredindo-a fisicamente, com tapas e socos. Confessa a autoria, que encontra-se em perfeita sintonia com o depoimento prestado pelas testemunhas I. P. S. e G. R. G. Não é vedado aos pais a correção disciplinar de seus filhos, mas a lei coíbe o excesso da conduta disciplinar. A forma como agiu o acusado para com a criança de menos de três anos não pode ser entendido como um corretivo eis que além dos tapas, bateu com a criança no chão por várias vezes e tal castigo abusivo e imoderado que põe em perigo a saúde é penalmente punível. Tenho que desnecessárias maiores considerações ante a confissão e as provas colhidas, bem como pela materialidade estampada no Laudo de Lesões Corporais de fls. 38 e 39. A conduta do Acusado é típica, punível e culpável, tendo agido com vontade e não havendo nenhum motivo de excludente de criminalidade. Já cumpriu preso quatro meses. Na análise do artigo 59 do CPB tenho que o acusado agiu com dolo de grau médio, é primário, com bons antecedentes, trabalhador e os motivos e circunstâncias não lhe favorecem, tendo a vítima contribuído em parte para o fato. Isto posto, julgo procedente a denúncia e condeno G. P. R., qualificado nos autos, por infração do artigo 136 do CPB, à pena base de três meses e quinze dias de detenção, pena esta que torno em definitiva ante a falta de atenuantes e agravantes e causas de aumento ou diminuição. Condeno nas custas processuais. Considerando que cumpriu preso quatro meses de detenção dou por cumprida a pena privativa de liberdade e compensada as custas pelo excesso de prazo cumprido. Lance-lhe o nome do rol dos culpados, após o trânsito em julgado. Oficie-se aos órgãos competentes, publicada em audiência e intimada as partes.

Análise do discurso

Enunciado 1

> que dava a palavra ao Ministério Público para as alegações finais; tendo requerido a condenação nos termos da denúncia eis que presente a materialidade, através do Laudo de fls. 38 e 39 e confessa a autoria em sintonia com as demais provas colhidas. Pela Defesa foi dito, que sendo réu primário e estando arrependido do fato, já tendo cumprido 4 meses de prisão, requeria a aplicação da pena mínima, com extinção da punibilidade pelo cumprimento da pena.

Esse enunciado foi constituído em forma de descrição. Nele está contida a manifestação de dois argumentos. O primeiro é do Ministério Público, que se apresenta da seguinte forma:

(p) – Há presença de materialidade nos laudos de fls. 38 e 39;
(q) – Há confissão de autoria em sintonia com demais provas;
[c] – O Ministério Público requer a condenação do réu.

Nesse argumento, a proposição que precisa ser aceita é a da condenação do réu.

O outro argumento é da defesa. Nele, a proposição a ser aceita é a da aplicação da pena mínima para o acusado. Tal proposição é a melhor possibilidade para o acusado, uma vez que ele já cumpriu uma pena de quatro meses na prisão.

(p) – É réu primário;
(q) – Arrependeu-se do que fez;
(r) – Já tendo cumprido quatro meses de prisão;
[c] – Requer aplicação da pena mínima, com extinção da punibilidade.

O argumento do promotor adota como premissas alguns fatos contidos no processo. Já o defensor adota, entre suas premissas, uma de apelo à piedade (que, por si só, constituiria já uma falácia em relação à sua conclusão). No argumento do defensor existe uma premissa oculta, que é a da consideração de que o crime resultou em lesões leves, porque sem isso ele não poderia requerer pena mínima.

A pena mínima requerida na defesa prévia é, em caso de maus-tratos, a detenção de dois meses a um ano. Resultando em lesão corporal de natureza grave, a reclusão é de um a quatro anos. Aumenta-se a pena de 1/3 se o crime é praticado contra pessoa menor de 14 anos. Portanto, o advogado de defesa, na pessoa do defensor, julga que o fato tratou-se de resultados de lesões sem gravidade. Porém, os relatos foram bastante enfáticos ao descreverem a atitude do pai utilizando qualitativos como: "espancamento", "tortura", com descrição do tipo: "restando o lado esquerdo da face inchada e até a suspeita de morte visto que a criança desmaiou". Além disso, o fato de a criança ter feito "xixi", ao receber tal tratamento do pai, atesta um estado fisiológico alterado da criança o que poderia indicar a possibilidade de complicações até neurológicas.

Enunciado 2

> G. P. R., qualificado nos autos, foi denunciado como incurso nas sanções do artigo 136 do CPB pelo fato de no dia 27/02/95, nesta Comarca, ter deferido vários tapas e socos contra sua filha R. C. R., de apenas 2 anos de idade, produzindo-lhe as lesões corporais. (Grifos nossos).

Esse enunciado é uma descrição, portanto não constitui um argumento. Nela, anuncia-se o fato pelo qual G. P. R. está sendo acusado, porém de forma reduzida, em relação ao que vinha sendo narrado no inquérito e no processo.

No auto de prisão em flagrante delito constam os seguintes depoimentos:

> G. passou a dar vários tapas na filha R. e em ato contínuo pegou a criança por um braço e uma perna, sentido horizontal, socando-a contra o chão por várias vezes, só parando quando a criança virou os olhos e ficou toda mole parecendo estar morta, que o G. não atendeu aos pedidos de clemência da depoente a qual implorava que ele parasse de espancar a criança indefesa; que ao ver que a criança estava "toda mole", o G. saiu pela rua carregando a criança nos braços, tomando destino ignorado [...]. (I. F. S., testemunha que presenciou o fato, grifos nossos.)

Encontrava-se de plantão nesta data, quando por volta das 15 horas recebeu comunicado via rádio de que uma pessoa do sexo masculino residente no bairro [...] havia espancado a filha até a morte e seguidamente a colocado nos braços e saído sem destino; que de imediato o condutor dirigiu-se ao local indicado, fazendo-se acompanhar dos investigadores D. A. P. e T. S. B. Que procederam várias buscas na região, tendo obtido a informação de que referido elemento havia ido em direção à farmácia, quando, com a ajuda de uma senhora localizou o referido elemento o qual estava, de posse da filha, uma menina de 2 anos e 8 meses de nome R. C. R., a qual encontrava-se com vida, porém com a face lado direito bastante inchada e marcas vermelhas nas costas, que de imediato o condutor deu voz de prisão ao elemento o qual diz chamar-se G. P. R; que o condutor faz a apresentação do conduzido à autoridade, sob acusação de lesões corporais e tortura à descendente. (Depoimento do policial que atendeu a ocorrência, grifos nossos).

Hoje à tarde estava na casa da filha, onde também se encontrava o sobrinho G. o qual levava a filha R., que a depoente estava lavando roupas no tanque, quando em dado momento ouviu os gritos desesperados da filha, a qual dizia: "ô G. não bata desse jeito na sua filha, pois desse jeito você irá matá-la, não é assim que se faz com uma criança", tendo de imediato ido até ao quintal e visto a R. toda mole, parecendo estar morta, que a depoente ainda falou com o G.: "o que você fez com a sua filha, G.?". Tendo obtido a resposta: "eu bati, e é a minha filha" pegando a criança e saiu correndo; que a depoente, por achar que a criança estava morta, "pensou" que o G. iria jogá-la nos matos, tendo inclusive comentado com a filha que estava com receio de G. dar sumiço na própria filha, que a filha da depoente telefonou para a polícia avisando do ocorrido. (G. R. G., tia do acusado, grifos nossos).

[...] nesta tarde estava na casa da prima I., tendo levado a filha R., de 2 anos, que a sua filha estava brincando com a priminha de 2 anos quando as duas crianças começaram a brigar querendo a posse de um mesmo brinquedo, tendo o declarante dado

> algumas palmadas na filha que de imediato começou a fazer "xixi", tendo o depoente a pegado pelo braço, digo tendo o declarante pegado pelo braço e forçado a criança a ficar em pé no chão, quando a mesma bateu com a cabeça no chão e ficou toda mole; que o declarante "achou" que a filha estava morta e ainda jogou água na criança para ver se ela reagia, o que não ocorreu; que o declarante apoderou-se da filha e saiu correndo sem destino, tendo ido a uma farmácia quando a criança voltou ao normal, que não sabe explicar como provocou as marcas existentes nas costas da criança; que com referência ao rosto inchado da filha, acreditava que ela tenha batido com o rostinho no chão e desmaiou, que quando estava voltando foi preso pelos policiais e conduzido para esta delegacia" (G. P. R., acusado, grifos nossos).

Apesar de o juiz não ter mencionado nada mais além de "vários tapas e socos" esses atos, descritos nos depoimentos acima, caracterizam crime de tortura como ficou qualificado pelo policial que atendeu à ocorrência.

Enunciado 3

> Recebida a denúncia, foi citado e interrogado. Apresentou Defesa Prévia. Na instrução prestaram depoimentos três testemunhas de Acusação, sendo duas comuns à defesa.

Esse enunciado é uma descrição, portanto não constitui um argumento. O objetivo do enunciado é destacar que houve defesa prévia do acusado. O conteúdo da defesa não está explícito no discurso do juiz, mas apresenta-se aqui como uma motivação implícita. Os depoimentos aos quais se referem o juiz, e que vêm citados logo após ter mencionado a defesa prévia, corrobora o conteúdo existente nessa última, uma vez que sofreram acentuadas alterações desde o primeiro depoimento na delegacia.

Para explicitar melhor essa motivação vejamos os conteúdos dos pronunciamentos da defesa prévia e das testemunhas.

> Alegando que os fatos não ocorreram exatamente como narrados na denúncia, já que, se encontrava desequilibrado, muito nervoso,

> e incapaz de controlar os próprios impulsos, e que provará a este Honrado Juízo ser uma pessoa boa e honesta, nada havendo que desabone a sua conduta. (Defensor Público, grifos nossos).

Os depoimentos das testemunhas foram alterados, acrescentando que

> "a depoente viu a agressão do acusado para com a vítima somente no dia dos fatos, e que agressões anteriores foram noticiadas pela mãe da depoente; que, o acusado não é violento em relação a outras pessoas; que após este fato, o acusado mudou muito em relação à sua filha , que a vítima é filha do acusado com a sua antiga companheira e a atual companheira do acusado, com quem convivia na época dos fatos, não gostava de tomar conta da filha do acusado e tal fato causava certa indignação ao acusado, que às vezes, precisando trabalhar, não tinha com quem deixar a filha: dada a palavra ao Ministério Público, às perguntas, disse que a depoente não sabe informar se a vítima ficou com alguma seqüela em virtude de a mãe da vítima ter aparecido dias depois e levado a criança. Após este fato não mais viu a criança, e que o acusado também não viu mais a vítima. Dada a palavra à defesa, às perguntas disse que: o acusado é uma boa pessoa, bem quisto na comunidade e apenas tinha o vício de fumar "maconha", mas depois de sua prisão deixou totalmente." (I. F. S., grifos nossos).
>
> [...] que esta foi a única vez que o acusado espancou a filha e a depoente não sabe nem por que isso aconteceu, pois ele gosta muito da filha [...] dada a palavra ao Ministério Público, às perguntas, disse que o acusado é uma pessoa calma, bem quista na sua comunidade e trabalhador. (G. R, grifos nossos).

Como podemos ver no depoimento da primeira testemunha, há uma incompatibilidade de informações, haja vista que os enunciados: "após este fato, o acusado mudou muito em relação à sua filha" e "não sabe informar se a vítima ficou com alguma seqüela em virtude de a mãe da vítima ter aparecido dias depois e levado a criança. Após este fato não mais viu a criança, e que o acusado também não viu mais a vítima" são dicotômicos. Além disso, o acusado ficou preso nos dias sucessivos aos fatos, o que impossibilitou qualquer contato com a vítima.

Enfim, percebemos que esses depoimentos foram emitidos com o intuito de desqualificar o ato do pai em relação à filha ou pelo menos de mostrar que o período em que ele passou detido foi suficiente para torná-lo uma pessoa "melhor", além de endossar o que o defensor já havia argumentado.

Enunciado 4

> Em Alegações Finais apresentadas pelas partes em audiência constantes do presente termo. Relato. Decido: Ao acusado é imposto o fato de expor a perigo de vida a pessoa de sua filha R. C. R., agredindo-a fisicamente, com tapas e socos. Confessa a autoria, que encontra-se em perfeita sintonia com o depoimento prestado pelas testemunhas.

Aqui começam os argumentos jurídicos usados para motivar as decisões a serem tomadas. O primeiro argumento é:

(p) – O acusado agride a vítima fisicamente, com tapas e socos;

(q) – O acusado confessa a autoria (em sintonia com o depoimento prestado pelas testemunhas);

[c] – Ao acusado é imposto o fato de expor a perigo de vida a pessoa de sua filha.

Os fatos adotados nas premissas são tão evidentes que não comportariam outra conclusão que não a adotada.

Enunciado 5

> Não é vedado aos pais a correção disciplinar de seus filhos, mas a lei coíbe o excesso da conduta disciplinar.

Esse enunciado é uma explicação que se utiliza do Direito para emitir um parecer sobre o fato, tentando estabelecer os limites da violência e, por conseqüência, a aplicabilidade da lei. Entretanto, a utilização do termo "excesso" para qualificar a conduta disciplinar deixa margens para interpretações do juiz, uma vez que o exame responsável pela avaliação e classificação das lesões não desempenha esse papel, como constatamos pelos registros relativos ao inquérito. O laudo de exame corporal da criança assim se apresenta:

> Aos 27 dias do mês de fevereiro do ano de mil novecentos e noventa e cinco às 20:20 horas nesta cidade de Vitória, Estado do Espírito Santo, e no DML em atenção à requisição do senhor D. P. J., nós abaixo assinado Dr. S. A. M. – Dr. I. C dos S. em cumprimento da nossa missão de médicos legistas e observando as exigências legais, procedemos a EXAME DE LESÕES CORPORAIS em R. C. R., 2 anos e 8 meses, filha de G. P. R. e E. D. C. respondendo aos seguintes quesitos: 1) Se há ofensa à integridade corporal ou à saúde do paciente; 2) Qual o instrumento ou meio que o produziu; 3) Se foi produzido por meio de veneno, fogo, asfixia ou por meio insidioso ou cruel (resposta especificada); 4) Se resultou debilidade permanente ou perda ou inutilização de membro, sentido ou função (resposta especificada); 7) Se resultou incapacidade permanente para o trabalho ou enfermidade incurável ou deformidade permanente (resposta especificada), passando a oferecer o laudo que segue: Presença de edema abrangendo a região molar direita. Hematoma com 4 cm de diâmetro, localizado na região lombar direita, QUESITOS: 1°) Sim; 2°) Instrumento contundente; 3°) e demais não.

Em outras palavras, o laudo diz que houve ofensa à integridade corporal e/ou à saúde da paciente, produzida por instrumento contundente. Além disso, afastou a possibilidade de ter sido provocado por meio cruel e de ter causado danos graves e irreversíveis à vítima. O trabalho do médico legista deveria levar em consideração o modo como as lesões foram produzidas para realizar uma melhor avaliação das possíveis conseqüências para a vítima. Sem pretendermos julgar o procedimento médico, que não é de nossa competência nem de nosso interesse, precisamos ressaltar a fragilidade do laudo médico uma vez que se trata, na maioria dos casos, da única prova real dos fatos.

Uma síndrome característica dos atos de violência contra crianças descrita pelos médicos Silvermann e Kempe, denominada "Síndrome da Criança Espancada", foi reconhecida pela Organização Mundial de Saúde e acrescentada à Classificação Internacional de doenças desde 1963 (Rosa, 2001). Sendo assim, não deve causar espécie a expectativa de que a especificidade de tais casos seja conhecida dos médicos. Uma das características da síndrome é a existência de marcas ou fraturas em locais diversos no corpo, como as existentes na vítima R., conforme narrado nos depoimentos (rosto inchado e marcas nas costas).

Qualificar o meio utilizado de "contundente" não acrescenta muito aos dados, uma vez que é óbvio que o instrumento "feriu e machucou". Dessa forma, o perito não levanta cientificamente as provas necessárias para avaliar o caso de modo eficiente. Ele impede, assim, que outros sentidos sejam dados, reforçando aqueles que apontam para uma "eventualidade" ou para um "acidente doméstico".

Enunciado 6

> A forma como agiu o acusado para com a criança de menos de 3 anos não pode ser entendido como um corretivo; eis que além dos tapas, bateu com a criança no chão por várias vezes e tal castigo abusivo e imoderado que põe em perigo a saúde é penalmente punível.

O argumento presente nesse enunciado apresenta duas premissas e uma conclusão.

(p) – O acusado, além dos tapas, bateu com a criança no chão por várias vezes;

(p) – Tal castigo, que põe em perigo a saúde, é abusivo e imoderado;

[c] – O castigo é penalmente punível.

Esse é um argumento que evidencia a opinião do juiz: os tapas que o pai deu não caracterizam o crime de maus-tratos (mesmo que tenham deixado marcas nas costas). Conforme a premissa declarada, foi o fato de ele ter batido com a criança no chão por várias vezes que caracterizou o "castigo imoderado", pondo em "perigo" a "saúde" da criança.

Enunciado 7

> Tenho que desnecessárias maiores considerações ante a confissão e as provas colhidas, bem como pela materialidade estampada no Laudo de Lesões Corporais de fls. 38 e 39. A conduta do Acusado é típica, punível e culpável, tendo agido com vontade e não havendo nenhum motivo de excludente de criminalidade.

O juiz argumenta em favor de não haver necessidade de motivar sua decisão, por considerar que as provas colhidas dão segurança para julgar o caso.

(p) – Há confissão, provas e materialidade constituídas legalmente;

(p) – O processo não apresenta motivo excludente de criminalidade;

[c] – A conduta do acusado é típica, culpável e punível.

Enunciado 8

> Na análise do artigo 59 do CPB tenho que o acusado agiu com dolo de grau médio, é primário, com bons antecedentes, trabalhador e os motivos e circunstâncias não lhe favorecem, tendo a vítima contribuído em parte para o fato. Isto posto, julgo procedente a denúncia e condeno G. P. R. qualificado nos autos, por infração do artigo 136 do CPB, à pena base de trinta e cinco dias, pena esta que torna em definitiva, digo, à pena base de três meses e quinze dias de detenção.

Nesse trecho, deveria ter sido desenvolvido de fato o argumento declarado pelo juiz, porém da forma como foram apresentadas as premissas, seu raciocínio tornou-se falacioso, pois as premissas poderiam levar a outra conclusão que não a adotada. Trata-se de uma falácia por conclusão irrelevante.

(p) – O acusado agiu com dolo de grau médio;

(q) – O acusado é primário;
(r) – O acusado tem bons antecedentes;
(s) – O acusado é trabalhador;
(t) – A vítima contribuiu em parte para o fato;
(x) – Os motivos e circunstâncias não favorecem ao acusado;
[c] – G. P. R., o acusado, deve ser condenado.

Todo o enunciado comportava, então, duas conclusões excludentes entre si. As premissas "p" e "x" são as que sustentam a conclusão adotada pelo juiz, mas as premissas "q", "r" e "s" levariam à conclusão [c'] ("O processo pode ser suspenso"), uma conclusão hipotética cabível a partir das premissas adotadas, conforme a lei 9.099, não contida no enunciado, porém aplicável, caso o réu não tivesse sido preso em flagrante.

O juiz adota a conclusão mais compatível com a atuação prévia da Justiça, pois o acusado já havia cumprido uma pena de quatro meses de prisão (de 27/2 a 26/6), atitude tomada pela polícia, uma vez que o acusado não tinha dinheiro para pagar sua fiança, como consta no inquérito: "Informamos ainda que deixamos de arbitrar fiança, em virtude do indiciado não dispor do valor estipulado de cem reais (100,00)" (Delegado de Polícia). O arbítrio da Justiça na forma do poder do juiz foi utilizada para emitir a conclusão mais conveniente ao sistema de justiça.

Na próxima parte, analisaremos com mais detalhes as premissas dessa falácia.

Enunciado 9

> [...] condeno G. P. R., qualificado nos autos, por infração do artigo 136 do CPB, à pena base de trinta e cinco dias, pena esta que torna em definitiva, digo, à pena base de três meses e quinze dias de detenção, pena esta que torno em definitiva ante a falta de atenuantes e agravantes e causas de aumento ou diminuição.

(p) – Ante a falta de atenuantes e agravantes;
(q) – Ante a falta de causas de aumento ou diminuição;
[c] – Torno a pena de trinta e cinco dias de detenção em definitiva.

Aqui, mais uma vez, ocorre uma falácia, agora por apelo à ignorância. Ela se caracteriza pela defesa de uma certa proposição como verdadeira em virtude de não se ter provado o contrário do que foi afirmado inicialmente. Porém, como afirma Araújo (2001), esse tipo de falácia é aceita pelos lógicos quando de sua utilização no campo jurídico.

Apesar de, durante o seu discurso, o juiz ter apresentado alguns argumentos que levavam à conclusão da condenação do réu, o argumento final que conclui o processo adota como premissas as mesmas afirmações utilizadas pela defesa prévia do réu. Estas sustentam nossa interpretação anterior, de uma conformidade com a atuação prévia da Justiça, visto que suas premissas tendem à manutenção do que já está posto: elas dizem que não há atenuantes nem agravantes, causas de aumento ou diminuição. Dessa forma, o juiz ignora o parágrafo 3º, que determina um aumento de 1/3 caso o crime seja praticado contra pessoa menor de 14 anos.

Discurso jurídico 2

> M. S. ou M. S. O., brasileira, solteira, lavadeira, natural de L., com 41 anos de idade, filha de O. M. S. e B. C. S., residente na Rua [...], foi denunciada, como incursa nas sanções do artigo 136 § 3º (sujeição de menor de 14 anos a trabalho inadequado), 244 (abandono material), 245 (entrega de filho a pessoa inidônea) e 246 (abandono intelectual), do Código Penal Brasileiro, pelo fato de obrigar sua filha F. N., de 10 anos, a trabalhar na função de babá na residência de G. C., em violação ao art. 60 da lei nº 8.069/90, sofrendo a menor agressão física e sexual. Consta que por diversas vezes a menor tentou sair daquela residência, sendo impedida pela acusada. Consta que a menor recebia a importância de R$ 20,00 (vinte reais) pelo pagamento dos serviços prestados. Consta que a menor somente conseguiu sair da residência de G. C., quando ele foi preso por prática de estupro contra a menor F. N. Consta que um filho menor da acusada vivia jogado pelas ruas, onde se envolvia com drogas e roubos, e que era espancado constantemente pela acusada e seu padrasto,

e que a acusada, sem motivo aparente, deixava de prover a instrução de seus filhos em idade escolar. A denúncia teve por base o Inquérito Policial de fls. 06, que iniciou por portaria.

Recebida a denúncia em 23/11/98, foi a acusada citada e interrogada às fls. 67/68. O processo foi totalmente instruído, vindo conclusos para sentença.

Em suas alegações finais, a representante do Ministério Público argumentou que algumas das imputações finais não podem prevalecer, diante do estado de pobreza e ignorância da acusada, o que descaracteriza o dolo, e que apenas o art. 245 do CP está devidamente provado, requerendo que fosse a acusada absolvida das demais acusações, e sendo esta última passiva de benefício da suspensão do processo, requeria a designação de audiência para este fim.

A defesa, por sua vez, argumentou que a pobreza e a situação precária em que vivia a acusada foram as causas dos fatos, requerendo sua absolvição.

Estudado o processo e as provas nele existente concluí:

O crime do art. 136 do CP: "expor a perigo a vida ou a saúde de pessoa sob sua autoridade, guarda ou vigilância, para fim de educação, ensino, tratamento ou custódia, quer privando-a de alimentação ou cuidados indispensáveis, quer sujeitando-a a trabalho excessivo ou inadequado, quer abusando de meios de correção ou disciplina", tenho que não ocorreu o trabalho excessivo e inadequado. Conforme comprovado a função da menor era tomar conta de uma criança, durante o dia, na ausência de seu genitor. Não era um trabalho excessivo, nem exaustivo, e a menor gostava de executá-lo, tendo inclusive se afeiçoado à criança, o que foi motivo para retornar ao emprego. É de salientar que em virtude da pobreza da família e do estado que a acusada se mantinha, junto com seu companheiro, grande parte do dia embriagados, tal providência era melhor para a menor F., que não teve os problemas de seu outro irmão que vivia na rua a ponto de não mais retornar para casa. Aparentemente ela não corria nenhum perigo no trabalho que executava.

O artigo 244 do CP diz: "deixar, sem justa causa, de prover à subsistência do cônjuge, ou de filho menor de dezoito anos ou inapto para o trabalho, ou de ascendente inválido ou valetudinário, não lhes proporcionando os recursos necessários ou faltando ao pagamento de pensão alimentícia judicialmente acordada, fixada ou majorada; deixar sem justa causa, de socorrer descendente ou ascendente, gravemente enfermo". Com relação a este artigo é de salientar que a acusada vivia de lavagens de roupas, criando sozinha os filhos, sendo o estado de pobreza tamanho que os R$ 20 (vinte reais) ganhos pela menor F. eram necessários para a subsistência de todos. Não existe nenhuma prova que em algum momento ela tenha deixado de prover a subsistência dos filhos. Pela própria condição de penúria em que vivia essa subsistência era bastante exígua.

Artigo 245 do CP: "entregar filho menor de dezoito anos a pessoa em cuja a companhia saiba ou deva saber que o menor fica moral ou materialmente em perigo". Neste particular temos o depoimento da testemunha V. R. V. que diz: "Que de fato M. S., há tempos atrás, deixou a filha F. na casa de um senhor, cujo nome não se lembra agora, para tomar conta do filhinho dele; que todos tinham conhecimento de que tal senhor já havia sido preso antes por estupro, sendo que advertiram M. para que não deixasse a menina com ele, mas M. S. nunca foi de ouvir". Embora a acusada negue desconhecer tal fato, a acusação contra ela não pode ser desconsiderada, eis que no exame de conjunção carnal da menor F. N., apresentou "hímen circular, óstio amplo, com roturas antigas às 05 e 07 horas". F. acusou seu patrão de ter mantido relações sexuais com ela. Tenho que a acusada infringiu a lei neste Particular.

Artigo 246 do CP: "deixar sem justa causa, de prover à instrução primária de filho em idade escolar". Pelas informações contidas nos autos os filhos da acusada F. e P. R. chegaram a se matricular e freqüentar a escola, mas, ambos, abandonaram os estudos.

Não se pode exigir de uma pessoa analfabeta, de poucos conhecimentos, que vive na penúria, o entendimento que seus filhos devem permanecer na escola. Estes motivos, no ensinamento de Heleno Fragoso, são justas causas para a isenção da pena.

É de salientar que todos os crimes a ela atribuídos exigem o dolo genérico, exceção do artigo 245 que admite o dolo direto (saiba) ou dolo eventual (deva saber).

Tenho que o crime do artigo 244 do CP não restou provado. Os crimes dos artigos 136 e 246 do CP embora existentes, são justificáveis, e pelo princípio da concussão deverão ser considerados consumidos pelo crime do art. 245 do Código Penal, que no parecer do Ministério Público e no entendimento deste Juiz é o único que deverá prevalecer.

Na forma do artigo 5º, XL da Constituição Federal e o art. 2º do Código Penal aplicar-se-á ao réu a lei que o beneficiar.

Assim, após a entrada em vigor da Lei nº 9.099/95, tenho que nestes casos cabe ao Juiz, antes de efetuar o julgamento, apreciar a tipificação dos fatos, pois pode ocorrer que a nova tipificação esteja entre os crimes beneficiados pela referida lei, com a suspensão do processo.

Tenho pois que a única tipificação para o fato é o art. 245 do Código Penal, no qual a acusada poderá ser beneficiada com a suspensão do processo.

Considerando que o Ministério Público já se pronunciou pela suspensão do processo, designo o dia 26/10/99 para a audiência. (grifos do autor)".

(Termo de audiência) "... Pelo M.M. Dr. Juiz foi dito que conforme pronunciamento do Ministério Público às folhas 109, foi feita a proposta de suspensão do processo, prevista no artigo 89, da lei 9.099/95, pelo prazo de 2 anos, sob condições a serem impostas por este Juízo. Apresentadas as condições foram elas aceitas pela acusada e seu advogado nomeado. Pelo M.M. Juiz foi dito que concedia a suspensão do feito, pelo prazo de dois anos, condicionada à apresentação da FAC[37] sem restrições, sob as seguintes condições: 1 – Comparecer mensalmente em Juízo entre os dias 25 e 30 para justificar suas atividades; 2 – Não mudar de residência sem comunicar a este Juízo; 3 – Não se ausentar da Comarca por mais de 8 (oito) dias sem autorização judicial. Abra-se vistas ao Ministério Público."

Análise do discurso

Enunciado 1

"M. S. ou M. S. O., brasileira, solteira, lavadeira, natural de L., com 41 anos de idade, filha de O. M. S. e B. C. S., residente na Rua [...], foi denunciada, como incursa nas sanções do artigo 136 § 3º (sujeição de menor de 14 anos a trabalho inadequado), 244 (abandono material), 245 (entrega de filho a pessoa inidônea) e 246 (abandono intelectual), do Código Penal Brasileiro, pelo fato de obrigar sua filha F. N., de 10 anos, a trabalhar na função de babá na residência de G. C., em violação ao art. 60 da lei nº 8.069/90, sofrendo a menor agressão física e sexual. Consta que por diversas vezes a menor tentou sair daquela residência, sendo impedida pela acusada. Consta que a menor recebia a importância de R$ 20,00 (vinte reais) pelo pagamento dos serviços prestados. Consta que a menor somente conseguiu sair da residência de G. C., quando ele foi preso por prática de estupro contra a menor F. N. Consta que um filho menor da acusada vivia jogado pelas ruas, onde se envolvia com drogas e roubos, e que era espancado constantemente pela acusada e seu padrasto, e que a acusada, sem motivo aparente, deixava de prover a instrução de seus filhos em idade escolar. A denúncia teve por base o Inquérito Policial de fls. 06, que iniciou por portaria.

37. Ficha de Antecedentes Criminais.

Recebida a denúncia em 23/11/98, foi a acusada citada e interrogada às fls. 67/68. O processo foi totalmente instruído vindo conclusos para sentença.

Em suas alegações finais a representante do Ministério Público argumentou que algumas das imputações finais não podem prevalecer, diante do estado de pobreza e ignorância da acusada, o que descaracteriza o dolo, e que apenas o art. 245 do CP está devidamente provado, requerendo fosse a acusada absolvida das demais acusações, e sendo esta última passiva de benefício da suspensão do processo, requeria a designação de audiência para este fim.

A defesa, por sua vez, argumentou que a pobreza e a situação precária em que vivia a acusada foram as causas dos fatos, requerendo sua absolvição."

Esse enunciado materializa uma longa descrição dos fatos composta pelos crimes atribuídos à mãe da criança pela denúncia pública. O que a descrição omite é a atuação do Conselho Tutelar, que teve uma participação persistente, até mesmo levando o caso ao conhecimento da DPCA, após várias tentativas de atuação com a família, principalmente com a mãe, sem que surtissem efeitos satisfatórios quanto a mudanças de atitudes dessa mulher em relação aos seus filhos. O Conselho Tutelar tem a função de zelar pela criança quando seus direitos estão ameaçados; por isso, representa a primeira atuação de proteção que o Estatuto da Criança e do Adolescente prevê, e o Estado deve viabilizar.

No enunciado em questão, mostram-se as opiniões do Ministério Público e da defesa quanto ao caso, por sua vez apresentadas pelo juiz como argumentos. O Ministério Público diz:

(p) – A acusada vive em estado de pobreza;
(q) – A acusada vive em estado de ignorância;
[c] – A situação de vida da acusada descaracteriza o dolo.

A defesa diz:
(p) – A acusada vive em estado de pobreza;

(p) – A acusada vive em situação precária;
[c] – As condições de vida da acusada foram a causa dos fatos.

Ambas as conclusões redundam em falácias por falsa causa. As premissas não levam necessariamente à conclusão formada. Esse tipo de raciocínio erra por não distinguir "causa necessária" de "causa acidental". Nesse caso, as premissas constituem as causas acidentais do fenômeno.

Há, no entanto, uma outra argumentação do Ministério Público:
(p) – O dolo deve ser descaracterizado;
[c] – Algumas imputações finais não podem prevalecer.

Porém, como a premissa é a conclusão de uma falácia, esse argumento se torna também uma falácia por construção de premissa falsa. Nesse caso, só poderíamos aceitar a verdade da conclusão caso aceitássemos a verdade da premissa. Como a premissa é falsa, a conclusão também é falsa.

Enunciado 2

> Estudado o processo e as provas nele existente concluí:
>
> O crime do art. 136 do CP: "Expor a perigo a vida ou a saúde de pessoa sob sua autoridade, guarda ou vigilância, para fim de educação, ensino, tratamento ou custódia, quer privando-a de alimentação ou cuidados indispensáveis, quer sujeitando-a a trabalho excessivo ou inadequado, quer abusando de meios de correção ou disciplina", tenho que não ocorreu o trabalho excessivo e inadequado. Conforme comprovado a função da menor era tomar conta de uma criança, durante o dia, na ausência de seu genitor. Não era um trabalho excessivo, nem exaustivo, e a menor gostava de executá-lo, tendo inclusive se afeiçoado à criança, o que foi motivo para retornar ao emprego.

Esse raciocínio se compõe da seguinte falácia:
(p) – A função da menor era tomar conta de uma criança (durante o dia, na ausência do genitor desta);

(q) – A menor gostava de executá-lo (tendo até mesmo se afeiçoado à criança, o que foi motivo para retornar ao emprego);
[c] – Não ocorreu o trabalho excessivo e inadequado.

Essa é uma falácia por falsa causa, pois as premissas não levam necessariamente à conclusão oferecida. A segunda premissa é falsa, pois consta no processo que a criança não voltou a trabalhar na casa do Sr. G. por ter-se afeiçoado ao seu filho, ocorrendo antes o contrário; esse foi o argumento para que o Sr. G. voltasse à casa da criança para solicitar à mãe a volta da criança ao seu lar. Tampouco foi a criança F. que quis voltar a conviver com o Sr. G e seu filho.

A conclusão à qual chegou o juiz ignora qualquer conhecimento a respeito das peculiaridades e responsabilidades exigidas de uma pessoa ao cuidar de uma criança de 5 anos. Sabemos que é típico da criança nessa idade um comportamento ainda de desrespeito a algumas regras, de exploração do ambiente e manipulação dos objetos ao seu redor, o que exige uma atenção muito grande por parte de um adulto para evitar os perigos de tais comportamentos que resultam, muitas vezes, em "trapaças". Posto isso, avaliamos que é deveras exaustivo o trabalho de cuidar de uma criança de 5 anos para ser exercido por outra criança, de apenas 11. Além disso, o artigo 136 do CPB foi considerado apenas parcialmente, visto que constavam do processo indícios de que a situação em que a criança se encontrava colocava em perigo a sua vida e saúde.

Enunciado 3

> É de salientar que em virtude da pobreza da família e do estado que a acusada se mantinha, junto com seu companheiro, grande parte do dia embriagados, tal providência era melhor para a menor F., que não teve os problemas de seu outro irmão que vivia na rua a ponto de não mais retornar para casa. Aparentemente ela não corria nenhum perigo no trabalho que executava.

O raciocínio assim se apresenta:
(p) – A família vive em grande pobreza;

(q) – A mãe e seu companheiro mantêm-se grande parte do dia embriagados;

[c] – É melhor para a criança ficar em companhia do acusado e cuidar da criança.

Trata-se de uma falácia por apelo ao povo. Nesse tipo de raciocínio, busca-se recorrer aos sentimentos e hábitos do povo para provocar a concordância com uma determinada conclusão. Nesse caso, o juiz utilizou o valor positivo que se atribui ao trabalho em nossa sociedade, em oposição ao valor negativo dado a atos como embriaguez e perambulações pelas ruas. Nesse caso, supunha-se que todos prefeririam que a criança estivesse "dentro de uma casa". A afirmativa final desse enunciado ignora as provas e depoimentos, porque contradiz os fatos narrados e atestados.

Enunciado 4

> O artigo 244 do CP diz: "Deixar, sem justa causa de prover à subsistência do cônjuge, ou de filho menor de dezoito anos ou inapto para o trabalho, ou de ascendente inválido ou valetudinário, não lhes proporcionando os recursos necessários ou faltando ao pagamento de pensão alimentícia judicialmente acordada, fixada ou majorada; deixar sem justa causa, de socorrer descendente ou ascendente, gravemente enfermo". Com relação a este artigo é de salientar que a acusada vivia de lavagens de roupas, criando sozinha os filhos, sendo o estado de pobreza tamanho que os R$ 20 (vinte reais) ganhos pela menor F. eram necessários para a subsistência de todos. Não existe nenhuma prova que em algum momento ela tenha deixado de prover a subsistência dos filhos. Pela própria condição de penúria em que vivia essa subsistência era bastante exígua.

Esse enunciado contém um argumento

(p) – A acusada vive da lavagem de roupas;

(q) – A acusada cria sozinha os filhos;

(r) – A acusada e sua família vivem em estado de grande pobreza;

[c] – A importância ganha pela menor F. (R$ 20) era necessária para a subsistência de todos na família da acusada.

É óbvio que para uma pessoa nessas condições de pobreza qualquer quantia em dinheiro era necessária. O raciocínio é formalmente correto, porém não responde ao artigo 244; além disso, o fato de a criança receber R$ 20 não justifica sua submissão ao estado de coisas que a ela era imposto.

Enunciado 5

> Artigo 245 do CP: "Entregar filho menor de dezoito anos a pessoa em cuja a companhia saiba ou deva saber que o menor fica moral ou materialmente em perigo". Neste particular temos o depoimento da testemunha V. R. V. que diz: "Que de fato M. S., há tempos atrás, deixou a filha F. na casa de um senhor, cujo nome não se lembra agora, para tomar conta do filhinho dele; que todos tinham conhecimento de que tal senhor já havia sido preso antes por estupro, sendo que advertiram M. para que não deixasse a menina com ele, mas M. S. nunca foi de ouvir". Embora a acusada negue desconhecer tal fato, a acusação contra ela não pode ser desconsiderada, eis que no exame de conjunção carnal da menor F. N., apresentou "hímen circular, óstio amplo, com roturas antigas às 05 e 07 horas". F. acusou seu patrão de ter mantido relações sexuais com ela. Tenho que a acusada infringiu a lei neste Particular.

O argumento do juiz, para concluir que a acusada infringiu o art. 245 do CPB, assim se apresenta:

(p) – A acusada tinha o conhecimento de que o Sr. G. já havia sido preso por estupro;

(q) – O exame de conjunção carnal da menor F. N. identificou "hímen circular, óstio amplo, com roturas antigas às 05 e 07 horas";

(r) – F. acusou seu patrão de ter mantido relações sexuais com ela.

[c] – A acusada infringiu a lei (Artigo 245 do CPB) neste Particular.

Nesse caso, as premissas levam à conclusão formada e não a alguma outra. Trata-se, portanto, de um raciocínio efetivamente lógico.

Enunciado 6

> Artigo 246 do CP: "Deixar sem justa causa, de prover à instrução primária de filho em idade escolar". Pelas informações contidas nos autos os filhos da acusada F. e P. R. chegaram a se matricular e freqüentar a escola, mas, ambos, abandonaram os estudos. Não se pode exigir de uma pessoa analfabeta, de poucos conhecimentos, que vive na penúria, o entendimento que seus filhos devem permanecer na escola. Estes motivos, no ensinamento de Heleno Fragoso, são justas causas para a isenção da pena.

O raciocínio expresso nesse enunciado realiza-se a partir de duas falácias nas quais se utilizam as mesmas premissas:

(p) – A acusada é analfabeta;

(q) – A acusada possui poucos conhecimentos;

(r) – A acusada vive em estado de penúria;

[c] – Não se pode exigir da acusada a compreensão de que seus filhos devem permanecer na escola;

(p) – A acusada é analfabeta;

(q) – A acusada possui poucos conhecimentos;

(r) – A acusada vive em estado de penúria;

[c] – Estes motivos, de acordo com o ensinamento de Heleno Fragoso, são justas causas para a isenção da pena.

Ambas as falácias são de apelo à piedade, por isso não são logicamente válidas. Na segunda, há um apelo complementar à autoridade, ou seja, o discurso é defendido como válido simplesmente porque é atribuído a uma autoridade no assunto.

Enunciado 7

> Tenho que o crime do artigo 244 do CP não restou provado.

A conclusão do enunciado 4 serviu de premissa para a conclusão da falácia por falsa causa.

(p) – Os R$ 20 ganhos pela menor F. eram necessários para a subsistência de todos (conclusão do enunciado 4);

[c] – O crime do artigo 244 do CPB (sobre abandono material) não restou provado.

Enunciado 8

> Os crimes dos artigos 136 e 246 do CP, embora existentes, são justificáveis, e pelo princípio da concussão deverão ser considerados consumidos pelo crime do art. 245 do Código Penal, que no parecer do Ministério Público e no entendimento deste Juiz é o único que deverá prevalecer.

A conclusão a que chegou o juiz nesse enunciado, da existência do crime do artigo 136, é contraditória em relação à idéia apresentada no segundo enunciado, o qual concluiu que "não ocorreu o trabalho excessivo e inadequado". Sendo assim, inferimos que esse juízo comporta, em parte, algumas premissas ocultas ao nível mais explícito do discurso.

Enunciado 10

> Na forma do artigo 5º, XL da Constituição Federal e o art. 2º do Código Penal aplicar-se-á ao réu a lei que o beneficiar. Assim, após a entrada em vigor da Lei nº 9.099/95, tenho que nestes casos cabe ao Juiz, antes de efetuar o julgamento, apreciar a tipificação dos fatos, pois pode ocorrer que a nova tipificação esteja entre os crimes beneficiados pela referida lei, com a suspensão do processo. Tenho pois que a única tipificação para o fato é o art. 245 do Código Penal, no qual a acusada poderá ser beneficiada com a suspensão do processo. Considerando que o Ministério Público já se pronunciou pela suspensão do processo, designo o dia 26/10/99 para a audiência. Dê-se ciência às partes deste despacho. Intimem-se.

O trecho destacado trata de descrições e ordens emitidas pelo juiz. A conclusão ("Tenho pois que a única tipificação para o fato é o art. 245 do Código Penal") tem como premissas todas as conclusões das premissas citadas anteriormente.

Enunciado 11

> (Termo de audiência) "[...] Pelo M.M. Dr. Juiz foi dito que conforme pronunciamento do Ministério Público às folhas 109, foi feita a proposta de suspensão do processo, prevista no artigo 89, da lei 9.099/95, pelo prazo de 2 anos, sob condições a serem impostas por este Juízo. Apresentadas as condições foram elas aceitas pela acusada e seu advogado nomeado. Pelo M.M. Juiz foi dito que concedia a suspensão do feito, pelo prazo de dois anos, condicionada à apresentação da FAC sem restrições, sob as seguintes condições: 1- Comparecer mensalmente em Juízo entre os dias 25 e 30 para justificar suas atividades; 2- Não mudar de residência sem comunicar a este Juízo; 3 – Não se ausentar da Comarca por mais de 8 (oito) dias sem autorização judicial. Abra-se vistas ao Ministério Público."

Apesar de não haver argumento nesse enunciado, uma análise mais detida do raciocínio jurídico permitirá encontrar uma falácia por petição de princípio. Nela, a proposição a ser justificada é repetição da premissa.

(p) – O Ministério Público propôs a suspensão do processo por dois anos;

(q) – As condições foram aceitas pela acusada;

[c] – O juiz concede a suspensão do feito, pelo prazo de dois anos.

Discurso jurídico 3

> "Cientificado pelo M.M. Juiz da acusação que lhe é movida pela Justiça Pública, sendo-lhe lida e explicada a peça acusatória contida no Processo nº [...] passou finalmente a ser INTERROGADA pelo M.M. Juiz sobre os demais itens contidos no art. 188 do CPP... perguntas as quais em pé respondeu: QUE é verdadeiro o fato narrado na denúncia e que a interroganda procedeu da forma ali relatada em virtude de já ter outro filho do qual cuidava sozinha e por necessidade de manter o seu emprego, ficando com medo de contar o fato à sua patroa;

> QUE nunca foi presa e nem processada; QUE não tem advogado constituído e nem condições de constituir um, razão pela qual este Juízo lhe nomeia a Drª Defensora Pública. Após o interrogatório, ouvida a representante do Ministério Público, pela mesma foi dito que o presente feito se encontra entre aqueles previstos no art. 89, da Lei 9.099/95, e que propunha a suspensão do processo, pelo prazo de 2 (dois) anos, sob condições a serem impostas por este Juízo. Apresentadas as condições, foram elas aceitas pela acusada e seu advogado nomeado. Pelo M.M. Juiz foi dito que concedia a suspensão do feito, condicionada à apresentação da FAC sem restrições, pelo prazo de 2 (dois) anos, sob as seguintes condições: 1- Comparecer MENSALMENTE em Juízo entre os dias 1º e 5 para justificar as suas atividades; 2- Informar qualquer alteração de endereço; 3- Não se ausentar da comarca por mais de 8 (oito) dias sem autorização judicial. Abre-se vistas ao Ministério Público a cada seis meses para fiscalização do cumprimento das condições. Nada mais." (Grifos do autor).

Análise do discurso

Enunciado 1

> Cientificado pelo M.M. Juiz da acusação que lhe é movida pela Justiça Pública, sendo-lhe lida e explicada a peça acusatória contida no Processo nº (...) passou finalmente a ser INTERROGADA pelo M.M. Juiz sobre os demais itens contidos no art. 188 do CPP... perguntas as quais em pé respondeu: QUE é verdadeiro o fato narrado na denúncia e que a interroganda procedeu da forma ali relatada em virtude de já ter outro filho do qual cuidava sozinha e por necessidade de manter o seu emprego, ficando com medo de contar o fato à sua patroa; QUE nunca foi presa e nem processada; QUE não tem advogado constituído e nem condições de constituir um, razão pela qual este Juízo lhe nomeia a Drª Defensora Pública.

Esse enunciado descreve o depoimento da acusada, apresentando as justificativas pelas quais agiu de modo a abandonar a filha recém-nascida. Analisando seu raciocínio, vemos que se trata de uma composição falaciosa por apelo à piedade, em que a conclusão está oculta.

(p) – A acusada tinha também outro filho, do qual cuidava sozinha;

(q) – A acusada tinha necessidade de manter o seu emprego;

[c] – O ato cometido pela acusada é justificável.

Enunciado 2

> Após o interrogatório, ouvida a representante do Ministério Público, pela mesma foi dito que o presente feito se encontra entre aqueles previstos no art. 89, da Lei 9.099/95, e que propunha a suspensão do processo, pelo prazo de 2 (dois) anos, sob condições a serem impostas por este Juízo. Apresentadas as condições, foram elas aceitas pela acusada e seu advogado nomeado. Pelo M.M. Juiz foi dito que concedia a suspensão do feito, condicionada à apresentação da FAC sem restrições.

Como no discurso jurídico 2, nesse enunciado não há argumentos. Sua ausência indica não haver nenhuma proposição que precise ser provada. Com essa convicção, o juiz emite seu juízo acatando a proposta do Ministério Público, aceitando-a e adotando-a como sua conclusão. Podemos organizar o pensamento desenvolvido pelo juiz e nele encontrar uma falácia por petição de princípio.

(p) – O Ministério Público propôs a suspensão do processo por dois anos;

(q) – As condições propostas pelo MP foram aceitas pela acusada;

[c] – O juiz concede a suspensão do feito.

Discurso jurídico 4

> [...] aberta a audiência, constatou-se a presença da acusada e da ilustre Defensora Pública do Estado e da vítima L. O. S., menor representada neste ato por sua avó N. O. Observado

tratar-se de ação penal pública incondicionada, esclareceu as partes, a possibilidade de transação com o MP para a aplicação antecipada de pena restritiva de Direito ou de multa nos termos da lei 9.099/95, bem como das conseqüências do prosseguimento da ação penal. Concedida a palavra ao Douto Promotor de Justiça este propôs a aplicação de pena de multa no valor de oitenta reais (R$ 80,00). Ouvida a acusada e sua respectiva defensora foi aceita a proposta de transação do MP. A seguir pela M.Mª Juíza foi proferida a seguinte sentença: vistos etc... trata-se de hipótese de possível delito previsto no art. 136 do CPB – Maus-tratos – no qual figura como participante a acusada P. O. S. e Vítima a menor L. O. S., todas nos autos qualificadas, fato ocorrido no dia 16/3/95. Da análise da Lei observo que a proposta de transação pode ser acolhida uma vez que não demonstraram nos autos quaisquer dos impedimentos previstos no § 2º do art. 76 da Lei 9.099/95. Assim sendo aplico a acusada do fato relatado nos autos a pena de multa de oitenta reais (R$ 80,00) a ser paga no prazo de dez dias a contar desta data, as custas processuais serão suportadas pela acusada nos termos da Lei de assistência judiciária. Oficie-se aos órgãos competentes [...]."

Análise do discurso

Enunciado 1

> [...] Observado tratar-se de ação penal pública incondicionada, esclareceu às partes, a possibilidade de transação com o MP para a aplicação antecipada de pena restritiva de Direito ou de multa nos termos da lei 9.099/95, bem como das conseqüências do prosseguimento da ação penal. Concedida a palavra ao Douto Promotor de Justiça este propôs a aplicação de pena de multa no valor de oitenta reais (R$ 80,00). Ouvida a acusada e sua respectiva defensora foi aceita a proposta de transação do MP.

Esse enunciado descreve a atuação dos poderes constituídos pela promotora de justiça e pela juíza. Nele, a juíza orienta a audiência no sentido da aplicação da lei 9.099, mas concede ao Ministério Público a palavra para que ele possa efetivar a sugestão de suspensão processual. Como a função do Ministério Público é defender os interesses da sociedade, e já tendo ele oferecido denúncia contra o acusado, a atitude da juíza parece ser estratégica para que sua opinião se consolide de forma "harmoniosa" na audiência.

Enunciado 2

> A seguir pela M.Mª Juíza foi proferida a seguinte sentença: vistos etc... trata-se de hipótese de possível delito previsto no art. 136 do CPB – Maus-tratos – no qual figura como participante a acusada P. O. S. e Vítima a menor L. O. S., todas nos autos qualificadas, fato ocorrido no dia 16/03/95. (Grifo nosso).

Aqui trata-se de uma descrição dos fatos, sendo que a juíza refere-se ao caso como "hipótese" CPB. Dessa forma, fica explícito que tal juíza não tem convicção de que tenha havido ou não o crime, o que deveria impossibilitar o julgamento. Não fosse o desfecho das suas decisões, poderíamos inferir que na verdade seu juízo é de que não houve crime no ato da mãe para com a filha (essa hipótese fica prejudicada porque ela aplicou a lei 9.099, o que implica o reconhecimento do crime).

Enunciado 3

> Da análise da Lei observo que a proposta de transação pode ser acolhida uma vez que não demonstraram nos autos quaisquer dos impedimentos previstos no § 2º do art. 76 da Lei 9.099/95. Assim sendo aplico à acusada do fato relatado nos autos a pena de multa de oitenta reais (R$ 80,00) a ser paga no prazo de dez dias a contar desta data, as custas processuais serão suportadas pela acusada nos termos da Lei de assistência judiciária.

Nesse enunciado há a presença de falácia por apelo à ignorância. Como já mencionamos anteriormente, é a única falácia que se admite utilizar no campo jurídico.

(p) – Os autos não demonstraram quaisquer dos impedimentos previstos no § 2º do art. 76 da Lei 9.099/95;

[c] – À acusada do fato relatado nos autos aplica-se a pena de multa de oitenta reais (R$ 80,00).

Discurso jurídico 5

> [...] Pela M.Mª Juíza foi observado que a hipótese a que versa os autos comporta a SUSPENSÃO CONDICIONAL do processo, assim instou o Ministério Público a se manifestar através de seu representante, tendo este proposto a suspensão do Processo 1631/00 pelo prazo de dois (2) anos, mediante as condições estabelecidas no art. 89 da Lei 9.099/95. Ouvido o acusado e sua ilustre defesa, o mesmo se manifestou dizendo que aceitava a proposta de suspensão, ciente de suas conseqüências. A seguir, pela M.Mª Juíza foi proferida a seguinte decisão: Vistos, etc... Comportando a hipótese a que versa os autos a suspensão condicional do processo prevista no art. 89 da Lei 9.099/95 e realizada tal proposta pelo Órgão Ministerial e aceita pelo acusado acima mencionado, suspendo o presente processo a que responde G. S., nos autos qualificado, pelo prazo de dois (2) anos, mediante as seguintes condições: 1 – Proibição de se ausentar ou mudar da Comarca onde reside, sem autorização deste Juízo. 2- Comparecimento pessoal e obrigatório, mensalmente, NESTE JUÍZO para informar e justificar suas atividades entre os dias 19 e 30 de cada mês. 3 – Não freqüentar bares, bailes funks, forrós, casas noturnas e assemelhados. 4 – Não andar armada. 5 – Freqüentar um culto religioso de sua preferência. 6 – Não ingerir bebidas alcoólicas. 7 – Freqüentar os Alcoólicos ANÔNIMOS. Publicado em audiência e dela intimadas as partes [...].

Análise do discurso

Enunciado 1

> [...] pela M.Mª Juíza foi proferida a seguinte decisão: Vistos, etc... Comportando a hipótese a que versa os autos a suspensão condicional do processo prevista no art. 89 da Lei 9.099/95 e

> realizada tal proposta pelo Órgão Ministerial e aceita pelo acusado acima mencionado, suspendo o presente processo a que responde G. S., nos autos qualificado, pelo prazo de dois (2) anos, mediante as seguintes condições: 1 – Proibição de se ausentar ou mudar da Comarca onde reside, sem autorização deste Juízo. 2 – Comparecimento pessoal e obrigatório, mensalmente, NESTE JUÍZO para informar e justificar suas atividades entre os dias 19 e 30 de cada mês. 3 – Não freqüentar bares, bailes funks, forrós, casas noturnas e assemelhados. 4- Não andar armado. 5 – Freqüentar um culto religioso de sua preferência. 6- Não ingerir bebidas alcoólicas. 7 – Freqüentar os Alcoólicos ANÔNIMOS. Publicado em audiência e dela intimadas as partes [...].

Como no discurso 4, não há aqui construção de nenhum argumento, nem diferenças em relação à forma de conduzir a sentença. Há, porém, ao contrário do processo anterior, o laudo de lesões corporais o que não garantiu que dúvidas a respeito do crime ocorrido não figurasse no discurso da juíza.

De forma excepcional, o laudo de lesões corporais apresenta um tópico intitulado “observações”, logo após os resultados dos quesitos de avaliação do estado físico da criança. Nele, os médicos legistas registram impressões a respeito do estado emocional das crianças vítimas de violência.

> Criança assustada, com medo, abalado emocionalmente, refere ter sido agredida por seu pai com um pau, porém correu para não ser atingido. (Exame da Vítima 1).
> Criança refere ter sido agredida por seu pai com um pau. Apresenta-se abalado emocionalmente, com medo e assustado. (Exame da Vítima 2).

O mais extraordinário, porém, é que em momento algum foram consideradas tais observações, fosse pelo juiz ou pelo promotor.

Na conclusão do processo, novamente encontramos um raciocínio falacioso, tal como nos processos anteriores: desta feita, a forma como as premissas foram apresentadas constituíram uma falácia de apelo à autoridade, constituída pelo Ministério Público.

(p) – O Órgão Ministerial propõe a suspensão condicional do processo (prevista no art. 89 da lei 9.099/95);

(q) – A proposição do MP é aceita pelo acusado.

[c] – O juiz suspende o processo (por dois anos).

Podemos perceber que o discurso produz um sentido de "autoridade" do Ministério Público.

Discurso jurídico 6

> [...] Pela M.Mª Juíza foi observado que a hipótese a que versa os autos comporta a SUSPENSÃO CONDICIONAL do processo, assim instou o Ministério Público a se manifestar através de seu representante, tendo este proposto a suspensão do Processo pelo prazo de dois (2) anos, mediante as condições estabelecidas no art. 89 da Lei 9.099/95. Ouvido o acusado e sua ilustre defesa, o mesmo se manifestou dizendo que aceitava a proposta de suspensão, ciente de suas conseqüências. A seguir, pela M.Mª Juíza foi proferida a seguinte decisão: Vistos, etc... Comportando a hipótese a que versa os autos a suspensão condicional do processo prevista no art. 89 da Lei 9.099/95 e realizada tal proposta pelo Órgão Ministerial e aceita pelo acusado acima mencionado, suspendo o presente processo a que responde N. J., nos autos qualificado, pelo prazo de dois (2) anos, mediante as seguintes condições: 1 – Proibição de se ausentar ou mudar da Comarca onde reside, sem autorização deste Juízo. 2- Comparecimento pessoal e obrigatório, mensalmente, NESTE JUÍZO para informar e justificar suas atividades entre os dias 17 A 25. 3 – Freqüentar um culto religioso de sua preferência. 4 – Proibição de agredir a filha da forma relatada nos autos. 5 – Comprovar que J. está estudando. Publicado em audiência [...].

Análise do discurso

Novamente trata-se de um "modelo" adotado nas resoluções de casos de crime contra a criança, o que permite aplicar a mesma análise do discurso realizada anteriormente. Observa-se o mesmo desinteresse em relação aos dados coletados pela Delegacia, tal como mencionamos no processo anterior (mais uma vez, constava o depoimento da vítima, o laudo médico e a denúncia do Ministério Público).

A denúncia do Ministério Público descreve os atos pelos quais a mãe estava sendo denunciada: "[...] que lhe batia com vara, correia e vassoura; abusando de meios de correção ou disciplina. [...] a denunciada, por várias vezes, privava J. de alimentos indispensáveis, evidenciando, destarte, a habitualidade. Se não bastasse, também deixava J. passar a noite ao relento, expondo a perigo sua vida e saúde [...]". Todos esses "detalhes" foram ignorados no momento da sentença.

Discurso jurídico 7

> Cientificado pelo M.M. Juiz da acusação que lhe é movida pela Justiça Pública, *sendo finalmente interrogado*, pelo M.M. Juiz sobre os demais itens contidos no art. 188 do CPP, bem como, foi-lhe informado de que a confissão espontânea lhe servirá como atenuante. Perguntas às quais, em pé, assim respondeu: que a denúncia é verdadeira; que confessa a interroganda que realmente no dia dos fatos chegou a espancar as duas menores, de cinto; que por motivo pela qual a interroganda espancou as menores foi pelo fato de ter as mesmas a desobedecido, pois determinou a interroganda que as duas fossem para o colégio que entretanto ambas desobedeceram indo para casa de vizinhos e posteriormente retornando à sua casa onde comeram em companhia de outros meninos toda comida que a interroganda havia deixado, que como de costume a interroganda deixa o almoço e a janta pronta, pois trabalha fora; que as menores também comeram a janta; que ao chegar em casa, a interroganda percebeu que a comida que deixara fora devorada pelas menores ficando então nervosa; que chegou a queimar a menor E. com uma colher quente em ambas as faces; que de vez em quando a interroganda batia nas menores com vara e cintos; que conhece as testemunhas arroladas na denúncia nada tendo a alegar con-

> tra as mesmas. Pela ordem pediu a palavra a Douta Promotora de Justiça que requereu a suspensão do processo em face da acusada L. R. dos S. visto que pressupõe dos autos ser réu primário e de bons antecedentes, por 2 anos, tudo na forma do artigo 89 da lei 9.099/95 mediante as seguintes condições: 1) Não ausenta-se da comarca sem autorização deste Juiz; 2) Não mudar-se de endereço sem a devida comunicação a este Juízo. 3) Não portar arma e nem ingerir bebidas alcoólicas. 4) Apresentar-se bimestralmente perante a este Juízo para justificar suas atividades. 5) Não freqüentar bares e casas de prostituição. 6) Fazer acompanhamento periódico (de 120 a 120 dias) junto à psicóloga da Vara de Execução Criminal de Vitória, ES, no curso da suspensão. Perguntado à acusada se aceitava a proposição ministerial, esta devidamente acompanhado de seu advogado aceitou tal proposição. Ato contínuo o M.M. Juiz proferiu o seguinte despacho: "visto... o MP propôs a acusada L. R dos S. na forma do artigo 89 da lei 9.0099/95 a suspensão do processo mediante as condições acima expostas. Ouvindo a acusada, devidamente acompanhado de seu advogado, disse perante a esse Juízo que aceitava tais condições. Assim sendo, suspendo o curso do processo, bem como o lapso prescrisional [sic], por 2 anos, na forma e condições propostas pelo M. P. Dou as partes presentes como intimadas e, desde já cientificado à interrogada de que deverá a partir da presente data cumprir as condições ora lhe impostas, ficando ainda ciente a acusada que fora tal decisão tomada por base na sua primariedade, podendo em caso da chegada da FAC ou das certidões dos distribuidores de Vitória e Vila Velha positivas ser revogada essa decisão. Após, aguarde-se decurso da suspensão processual. (Grifos nossos).

Toda a primeira parte da narração é dedicada ao interrogatório no qual a acusada confessa ter <u>espancado</u> e <u>queimado</u> com uma colher aquecida no fogo uma das filhas, pelo fato de as crianças terem incorrido em ato de desobediência e comido, no almoço, uma carne que havia sido preparada para o jantar. Disse ainda que costumava bater com <u>varas</u> e <u>cintos</u> nas crianças.

Enunciado 1

> Pela ordem pediu a palavra a Douta Promotora de Justiça que requereu a suspensão do processo em face da acusada L. R. dos S. visto que pressupõe dos autos ser réu primário e de bons antecedentes, por 2 anos, tudo na forma do artigo 89 da lei 9.099/95.

O enunciado constitui uma falácia *ad hominen* circunstancial: nela não se discute aquilo que alguém diz ou fez, mas procura-se fazer uma relação entre a conclusão (desejada) e as circunstâncias vividas pela pessoa.

(p) – A ré é primária (segundo os autos);
(q) – A ré possui bons antecedentes (segundo os autos);
[c] – O MP requer a suspensão do processo.

A suspensão do processo, na verdade, deve ser aplicada considerando o crime cometido pela pessoa e não as características que ela manifesta. É o julgamento da gravidade do crime que permitirá, havendo as circunstâncias acima mencionadas, aplicar a lei 9.099.

Enunciado 2

> visto [...] o MP propôs à acusada L. R. dos S. na forma do artigo 89 da lei 9.0099/95 a suspensão do processo mediante as condições acima expostas. Ouvindo o acusado, devidamente acompanhado de seu advogado, disse perante a esse Juízo que aceitava tais condições. Assim sendo, suspendo o curso do processo, bem como o lapso prescrisional [sic], por 2 anos.

O enunciado acima não apresenta premissas para a conclusão que o juiz adotou. Como em discursos anteriores, há somente a constatação de dois fatos: o MP propôs à acusada, na forma do artigo 89 da lei 9.0099/95, a suspensão do processo; e o acusado, devidamente acompanhado de seu advogado, declarou perante Juízo que aceitava tais condições. Quando o juiz vincula essas duas constatações à sua decisão, ele constrói um argumento falacioso:

(p) – O MP propõe à acusada a suspensão do processo mediante as condições expostas;

(q) – A acusada aceita as condições para a suspensão do processo;

[c] – O juiz suspende o processo e o lapso prescricional.

A conclusão que adotada é a expressa pela premissa "p", o que qualifica o raciocínio como falácia por petição de princípio, pois formula-se um discurso que repete a proposição a ser justificada.

Discurso jurídico 8

Sentença 1 – "[...] Dada a palavra ao MP, este assim se manifestou: 'tendo em vista que com a oitiva da criança e seus genitores nesta audiência ter ficado provado que a surra dada pela mãe da criança na mesma foi com o intuito de corrigir na sua educação, não tendo trazido nenhum dano à criança[38], opino pelo arquivamento do presente procedimento'. Em seguida pela M.Mª Juíza foi proferida a seguinte DECISÃO, VISTOS, ETC. 'Consoante se vê dos depoimentos colhidos em audiência, a criança não sofreu qualquer tipo de maus-tratos e muito menos foi espancada pela mãe, muito pelo contrário, se limitou a mesma a corrigir a filha no momento em que deveria e na forma adequada. Ante o exposto e tendo em vista o parecer ministerial retro, determino o arquivamento do feito, observadas as cautelas legais'." (Sentença do Juizado da Infância e Juventude, grifos nossos).

Sentença 2 – "Despacho: visto, etc. o MP propôs a acusada E. N. de J., na forma do artigo 89 da lei 9.099/95 a suspensão do processo mediante as condições acima expostas, requerendo ainda a revogação da prisão preventiva da acusada. Ouvida a acusada, devidamente acompanhada de sua defensora, disse

38. Até a presente data não havia sido solicitado o laudo médico, portanto essa opinião não teve como referência o exame de corpo delito.

perante a esse Juízo que aceitava tais condições. Assim sendo o M.M. Juiz acolheu requerimento do MP revogando a Custódia Preventiva da acusada E. N. de J. via reflexa, acolheu ainda a proposta de suspensão do curso processual, bem como o lapso prescricional, por dois anos, na forma e condições propostas pelo MP (...)." (Sentença do Juiz da Vara Criminal Comum).

Análise do discurso

Sentença 1

Esse processo, atipicamente, apresenta duas sentenças por ter sido equivocadamente encaminhado à Vara de Juizado da Infância e Juventude. Essa atitude seria correta se a mãe fosse menor de 18 anos. No Juizado da Infância foi pronunciada a primeira sentença. Após um mês e 12 dias, com a mudança da promotora da Vara da Infância, o processo foi encaminhado à Vara Criminal Comum e lá aconteceu a segunda sentença.

Enunciado 1

> [...] Dada a palavra ao MP, este assim se manifestou: "tendo em vista que com a oitiva da criança e seus genitores nesta audiência ter ficado provado que a surra dada pela mãe da criança na mesma foi com o intuito de corrigir na sua educação, não tendo trazido nenhum dano à criança, opino pelo arquivamento do presente procedimento".

Nesse enunciado há um argumento proferido pelo Ministério Público que permite questionar as premissas adotadas.

(p) – O castigo aplicado pela acusada à vítima teve intuito educacional;

(q) – A surra dada pela mãe não trouxe nenhum dano à criança;

[c] – O processo deve ser arquivado.

Com as premissas apresentadas, o Ministério Público quis argumentar que não houve crime na conduta da mãe para com a criança.

Apesar de ter sido desenvolvido um raciocínio correto do ponto de vista lógico, a premissa adotada baseia-se na opinião da promotora e não nas provas contidas no inquérito. Sendo assim, podemos questionar a validade da premissa e conseqüentemente a verdade da conclusão.

Cabe lembrar que até a data em que essa emissão de juízo foi dada não havia sido solicitado o resultado do exame de lesões corporais. A sentença foi proferida quatro dias após sua chegada à Vara da Juventude, sem qualquer esforço em reunir maiores informações sobre o fato. O laudo médico encaminhado à Vara Criminal comum consta de resposta positiva para o quesito a respeito da presença de indícios de ofensa à integridade corporal ou à saúde da criança, especificando que para tal ato foi utilizado "instrumento contundente" realizado por "meio cruel".

Podemos concluir, então, que a decisão do Ministério Público – e também a do juiz – foi apressada e não fundamentada em provas. Haveria de se esperar desse juizado (promotor e juiz), em comparação a outros juizados, uma atuação mais favorável à defesa da vítima, uma vez que se trata de um juizado especial para a defesa dos direitos da criança e do adolescente.

Enunciado

> Ante o exposto e tendo em vista o parecer ministerial retro, determino o arquivamento do feito, observadas as cautelas legais.

Essa conclusão a que chegou o juiz adota como premissa o que foi dito pelo promotor, constituindo um raciocínio falacioso (falácia por petição de princípio).

Sentença 2

Enunciado 1

> o MP propôs à acusada E. N. de J., na forma do artigo 89 da lei 9.099/95 a suspensão do processo mediante as condições acima expostas, requerendo ainda a revogação da prisão preventi-

> va da acusada. Ouvida a acusada, devidamente acompanhada de sua defensora, disse perante a esse Juízo que aceitava tais condições. Assim sendo o M.M. Juiz acolheu requerimento do MP revogando a Custódia Preventiva da acusada E. N. de J. via reflexa, acolheu ainda a proposta de suspensão do curso processual, bem como o lapso prescricional, por dois anos, na forma e condições proposta pelo MP [...].

Não há argumento do juiz ao emitir seu juízo. Assim como em outros casos, nesse discurso há uma falácia por petição de princípio.

Discurso jurídico 9

> [...] visto etc. o MP propôs à acusada L. de S. L. S., na forma do artigo 89 da lei 9.0099/95 a suspensão do processo mediante as condições acima expostas. Ouvindo o acusado, devidamente acompanhado de seu advogado, disse perante a esse Juízo que aceitava tais condições. Assim sendo, suspendo o curso do processo, bem como o lapso prescrisional [sic], por 2 anos, na forma e condições propostas pelo MP. Dou as partes presentes como intimadas e, desde já cientificado à interrogada de que no caso da chegada da FAC constar alguma inscrição em face de sua pessoa esta decisão será revogada e o curso do processo retomado. Fica ainda cientificada a acusada que deverá a partir da presente data cumprir as condições ora lhe impostas. Após, aguarde-se decurso da suspensão processual. Nada mais havendo encerro o presente.

Nessa sentença também não há argumento; mais uma vez, a opinião do promotor é acatada pelo juiz sem que haja discussão sobre o crime, o que constitui um raciocínio falacioso. Caberia, aqui, a mesma análise realizada no discurso do processo 7.

Conclusão da primeira análise

A análise dos textos das sentenças judiciais teve como objetivo apreender o raciocínio jurídico no ato de sua participação no julgamento de casos referentes à violência contra crianças, bem como o conteúdo utilizado para motivar suas decisões.

Passando um olhar por toda a tramitação dos casos analisados, desde a sua comunicação até o seu julgamento, percebemos não apenas a ausência de investigação dos fatos, mas também a existência de um "ritual" de julgamento que não esclarece, pela ótica da justiça, os fatores que permitem qualificar um crime na relação de pais e filhos. Isso ficou demonstrado pela ausência de discussão a respeito dos crimes que estavam em julgamento, o que frustrou nossa expectativa de encontrar conteúdos que revelassem as idéias a respeito da aplicação do direito e dos casos particulares de que tratavam os julgamentos.

Como afirmou Perelman (2000), o juiz precisa motivar sua decisão, uma vez que não se trata de uma aplicação pura da lei e sim de uma busca pela melhor solução em acordo com as regras e normas sociais. O que observamos é que a motivação, na maioria dos casos, reduziu-se à opinião do Ministério Público. Isso revelou uma participação importante do Ministério Público nos casos de violência contra crianças.

A ausência de argumentação permite-nos afirmar também que, pelo modo como são produzidos os discursos jurídicos, parece que a sociedade na qual estão inseridos esses crimes suportam tais atos sem os considerarem contrários aos seus valores e princípios. Os fatos concretos constituídos pelos crimes revestem-se de uma forma "mágica" no momento em que percorrem todo o processo e acabam sendo resumidos numa versão bem distante da que deu origem ao inquérito. Nesse trâmite, os atos transformam-se em autos, os fatos em versões, e cada ator jurídico usa a parte do "real" que melhor reforce o seu ponto de vista (Corrêa, 1983). Em última análise, por meio do seu discurso, o sistema jurídico produz uma imagem de sociedade tolerante aos castigos aplicados pelos pais, na qual os interesses pela manutenção da família sobressaem em relação aos interesses da prática da justiça.

Resgatando uma discussão proposta por Orlandi (1999), a repetição de um texto, de uma idéia ou de uma frase permite a produção do mesmo sentido sob várias de suas formas. Por exemplo, a descrição do acontecimento, quando narrado pelo promotor de justiça no ato de denúncia, reveste-se da idéia de crime porque a função do discurso naquele momento é caracterizar o crime e apresentar a denúncia do agressor. O mesmo fato, narrado pelo juiz no momento da sentença, adquire o sentido de motivação da resolução a ser tomada, e por isso poderia tomar a dimensão ou interpretação de um crime ou não. Quando sua convicção o levava a aceitar tal ato como crime, restava-lhe ainda, por meio do discurso, qualificar o crime como leve, médio ou grave.

Nesse sentido, uma das constatações promovidas por nosso estudo foi a de que as paráfrases usadas no discurso jurídico serviram, em todos os processos, para aliviar a gravidade dos fatos, sendo utilizadas, quase sempre, com omissões de elementos discursivos que qualificavam a gravidade dos casos. Nos nove processos analisados, por exemplo, a palavra "violência" não constou uma vez sequer no discurso dos juízes (apenas para efeito de comparação, a mesma palavra foi utilizada mais de 100 vezes, por nós, neste trabalho[39]).

Sem a presença de discussões, os raciocínios, na maioria das vezes, apresentaram-se falaciosos, sem a exigência de mostraremse logicamente válidos, e sem a pretensão do convencimento de seu destinatário. A forma de atuação do juiz contradiz a teoria que apresenta a argumentação como o "modelo" de raciocínio exigido para motivar a aplicação da lei na atualidade. Nesse modelo, os valores, além do senso de justiça e de eqüidade, estão mais presentes como motivações para os juízos a serem emitidos do que a própria lei.

Na análise feita dos nove processos e dos discursos jurídicos neles contidos, encontramos oito tipos de falácias. A mais utilizada foi a falácia por petição de princípio, encontrada em cinco processos (sendo que em todos ela foi adotada pelo juiz). Nesse tipo de raciocínio, a conclusão é também uma das premissas adotadas, embora tanto a premissa quanto a conclusão permaneçam carentes de demonstração. Nos casos analisados, o juiz adotou, como conclusão do julgamento, o pedido de suspensão processual feito pelo Ministério Público.

---

39. A tortura é outra qualidade de crime que parece não existir para crimes contra crianças, é o que podemos inferir dos nossos dados. Apesar de os crimes terem sido narrados de maneira a demonstrar um tal caráter, nenhum juiz admitiu essa tipificação nos seus discursos.

A falácia por falsa causa esteve presente em um processo, sendo utilizada quatro vezes: duas vezes pelo juiz, uma vez pela promotoria e uma vez pela defesa. Nesse tipo de raciocínio geralmente defende-se como premissa de uma conclusão uma idéia que não é necessariamente a causa da proposição a qual se quer provar. Nela há uma intenção (consciente ou não) de criar determinados estereótipos associando nomes ou idéias que não mantêm relação de causalidade entre si. Assim pudemos constatar, por exemplo, a associação de pobreza e ignorância com o crime, sendo os primeiros utilizados como justificativas para o último.

A falácia por apelo à autoridade foi encontrada em um processo, sendo que nele o Ministério Público apresentou-se, pelo discurso jurídico, como a autoridade. A falácia por apelo à ignorância foi utilizada pelo juiz em dois processos. Esse tipo de falácia é admitida no discurso jurídico, uma vez que a filosofia criminal diz que tendo sido feita a comunicação de um crime, o autor da denúncia deve provar quem é o criminoso e qual o crime por ele cometido, ao contrário da filosofia que imperava até a Idade Média, quando era o acusado que deveria provar sua inocência.

A falácia por apelo à piedade foi encontrada em dois processos, utilizada pelo juiz uma vez e outra pela ré. O raciocínio presente nesse tipo de falácia exalta certas características presentes na situação do crime com o objetivo de provocar reações emocionais. Nos casos analisados, recorreu-se a situações de pobreza, ignorância e solidão para justificar os atos praticados pelos acusados. Em outros estudos a respeito de julgamentos de crimes, o artifício a falácias por apelo à piedade foi também utilizado. Em geral, expressões como "emocionalmente abalado", "sob forte emoção", "tendo se sentido traído" são utilizadas para que se consiga um sentimento de piedade e compaixão para com o réu (Correia, 1983; Izumino, 1998).

A falácia por apelo à piedade é facilmente confundida com a falácia por apelo ao povo. Nesta última, as premissas utilizadas têm como objetivo levar as pessoas a concordarem com uma conclusão evidenciando que esta é a mais favorável àquela situação, supondo que todos os que fossem consultados a respeito de tal fato concordariam com aquela conclusão. Ela revela os valores sociais que envolvem determinados assuntos.

A falácia por conclusão irrelevante também foi encontrada no discurso jurídico, assim como a falácia *ad hominen* circunstancial. Nos discursos jurídicos, essa última podia facilmente ser confundida pela falácia por apelo à piedade, porque não raro as situações que envolviam os fatos eram dignas de piedade.

A ausência de debate a respeito de crimes de pais contra filhos é preenchida pelo uso excessivo de falácias, que no processo atribui determinados sentidos aos casos analisados, e que pode, em última análise, ser compreendido como a função dos agentes jurídicos. Eles precisam organizar os fatos descrevendo uma história em que caiba uma decisão compatível com os valores morais vigentes na sociedade; assim, a história do crime começa a ser delineada já na delegacia, quando o inquérito é instaurado: a reunião das provas e dos depoimentos inaugura um percurso que previamente já sabemos onde vai dar. Depois o Ministério Público, o defensor e, por último, o juiz surgem como protagonistas de uma versão jurídica em que a ordem social é a linha mestra dos contornos a serem adotados.

Como um modelo "perfeito" de paridade dos interesses envolvidos, o sistema jurídico comporta a reunião de operadores do direito que representam as diversas pessoas envolvidas em um conflito. O que nos surpreendeu nos resultados que encontramos em todos os processos analisados foi a atuação do promotor de justiça em consonância com as idéias do juiz e do defensor público, neutralizando os interesses dos envolvidos. Esse tipo de atuação do promotor não corrobora resultados de pesquisas anteriores, que o apontavam como a pessoa que sempre acusa além da medida, em oposição ao defensor, que tenta desqualificar as circunstâncias negativas mencionadas pelo promotor (Corrêa, 1983).

Silenciada nos processos, as vítimas ficam à mercê dos operadores do direito; estes julgarão se o fato em causa constituiu ou não uma violação de direitos, o que teve como resultado, em todos os casos analisados por nós, a omissão de tal discussão. Conseqüentemente, adotou-se a aplicação de uma lei (nº 9.099) que isenta o Estado de qualquer ação educativa para com o réu, haja vista as "obrigações" que são impostas aos culpados.

Esse tipo de atuação do sistema de justiça que hoje temos no Brasil nutre a perversidade dos atos humanos, na medida em que legitima atos de violência de pais contra filhos, embora não deixe de manter o controle sobre a família. Resta-nos agora analisar, com mais detalhes, os valores que subjazem às decisões judiciais e que atuam como reais motivações para seus juízos.

Parte 2: Análise dos argumentos jurídicos

O discurso jurídico constitui-se de vários discursos que reunidos compõem a "cerimônia" pela qual se julgam os casos que ferem as normas de convivência de uma sociedade. Nos discursos analisados neste trabalho, encontramos a participação do réu, do defensor público e do promotor de justiça que, articulados nas sentenças jurídicas, imprimiram sentidos que convergiram no juízo emitido pelo juiz.

O que nos interessa agora é revelar as motivações implícitas nas decisões judiciais, o que se torna possível em virtude de os argumentos derivarem de uma lógica inferencial. Do ponto de vista do discurso jurídico, os casos analisados apresentam-se bem distintos, evidenciando-se a importância dos atores jurídicos na "montagem" dos processos. Isso significa que a forma como os processos são apresentados depende dos valores e crenças dos atores jurídicos mais que da habilidade ou competência de aplicar a lei. Dessa forma, não poderemos fugir do modelo até então adotado, de analisar caso por caso, para depois fazermos uma conclusão geral do conjunto.

Caso I

Nesse caso, ao juiz compete julgar a procedência da denúncia de maus-tratos (art. 136) apresentada pelo Ministério Público. A análise anterior revelou que o raciocínio jurídico apresentou-se tomando como premissas uma sucessão de conclusões, quase todas fundamentadas nos fatos que estão representados no processo. Reunindo-as, percebemos que a decisão do juiz apresenta-se da seguinte forma:

(p) – O acusado expôs a perigo de vida a pessoa de sua filha;

(q) – A atitude do acusado é penalmente punível;

(r) – A conduta do acusado foi típica, sem motivo excludente de criminalidade;

[c] – A denúncia e a condenação do acusado são procedentes.

As construções discursivas levavam à conclusão de que tal ato praticado pelo pai foi um crime e, portanto, um ato punível. Essa construção, no entanto, deixou marcas implícitas da influência dos depoimentos das testemunhas e do laudo médico, captadas no sentido manifesto das premissas acima descritas, nas quais o juiz acata a denúncia, na premissa "p", e também a prova constituída do exame de lesões corporais, na premissa "q". A premissa "r" revela um juízo de valor que é emitido para caracterizar o caso como um crime punível pela lei.

A característica que denuncia uma violência é, conforme Alves (1998), a intencionalidade do dolo, que foi inequ-ivocamente acatada pelo juiz na premissa "r". Dessa forma, o pensamento caracteriza-se como um argumento, pois, além de ter sido construído um raciocínio logicamente correto, todas as premissas estão demonstradas no processo. São motivadores da sentença judicial, portanto, as provas, os testemunhos e a compreensão de que a lei aplica-se a casos dessa gravidade.

A premissa "r" exigiu uma reflexão acerca dos limites da aplicabilidade da lei, que ficam evidenciados numa frase encontrada no processo: "Não é vedado aos pais a correção disciplinar de seus filhos, mas a lei coíbe o excesso da conduta disciplinar". O juiz, então, classifica o caso como excesso da conduta disciplinar. Tal conduta apresenta-se na forma de castigo físico, algo que ocorre na maioria das vezes quando se trata da ação de um adulto para com uma criança, o que fartamente é documentado pela literatura, tanto a nacional quanto a internacional, como vimos na primeira parte deste trabalho.

Mas, ao mesmo tempo em que o juiz manifesta essa lógica na avaliação do caso, ele apresenta também idéias que ponderam a conclusão a que chega, tais como: "o acusado é réu primário", "o acusado tem bons antecedentes", "o acusado é trabalhador" e "tendo a vítima contribuído em parte para o fato". O enfoque dado pelo juiz corrobora resultados de outras pesquisas, que têm apontado o modo pelo qual o processo de julgamento de um crime transforma-se, quase sempre, em julgamento do acusado. O deslocamento operado transfere o foco de atuação da análise dos fatos, que podemos considerar prejudiciais à sociedade, para a análise do indivíduo e da sua conduta. Não é o crime que se analisa, mas o sujeito que cometeu tal crime. Ocorre, assim, um processo de privatização da ação humana, de tal forma que as características da vida pessoal permitem concluir se um indivíduo é delinqüente e se agiu momentaneamente ou ocasionalmente.

Esse tipo de conduta do sistema jurídico foi apontado na literatura por Foucault e ficou explicitado na fala do juiz ao nos dar uma entrevista e comentar o caso 7.

> o que aconteceu foi o seguinte: que ela saiu de casa, na noite anterior deixou o almoço pronto, e me parece que as meninas tinham comido a carne toda, na hora do almoço, quando ela chegou à noite pra jantar não tinha carne e ela fez essa atrocidade, bateu nas meninas com cabo de vassoura, fio e depois não satisfeita, pegou as meninas, esquentou o fogão pegou a mão da pequenininha, no fogão! Pegou o rosto da maior, no fogão! Entendeu? É um negócio bárbaro. <u>Então foi lesão grave, o processo foi suspenso, tá suspenso, porque é uma ré primária, bons antecedentes.</u> (Juiz, grifos nossos).

A prática do sistema de justiça permite, então, enquadrar o sujeito em categorias previamente construídas, instituindo um significado para os crimes cometidos por determinados indivíduos. Um homem com bons antecedentes, trabalhador, "não pode" ter praticado um crime; isso implica a necessidade de descaracterizar seu ato, atribuindo ao crime qualificações como "conduta disciplinar" em vez de "violência". Para não parecer estranho ignorar a gravidade do caso estampada nas provas, acrescentam-se expressões como "em excesso".

Por outro lado, produziram-se também significados em sentido contrário: do infrator ao crime. Isso tem gerado uma atribuição de significados, associando sentidos também ao sujeito infrator, geralmente atribuindo maior gravidade àqueles crimes cometidos por desempregados, negros e pobres. Essa atuação do judiciário gera uma atitude de tolerância diante de alguns crimes, desproporcional à real gravidade e danos causados à sociedade. Um crime de corrupção, por exemplo, causa menos indignação que um crime de assalto à mão armada, porque – dentre outras razões – a ameaça concreta à vida e à propriedade atingem significados enaltecidos em uma sociedade capitalista como a nossa.

A vítima é apresentada, nesse caso específico, como alguém que contribuiu, em parte, para a ocorrência do fato. Corrêa (1983) também encontrou essa característica nos processos por ela estudados, referentes a homicídios entre casais. A diferença fundamental entre as constatações formadas é que aqui a apresentação é feita pelo juiz, enquanto na situação analisada no trabalho da referida autora, ela era feita pelo advogado de defesa. Isso implica a constatação de que os papéis dos atores jurídicos são às vezes exercidos de forma indistinta. Há que se considerar, ainda e sempre, que a vítima possuía somente dois anos e oito meses de idade.

Aprofundando a análise da afirmativa do juiz ("tendo a vítima contribuído em parte para o fato"), podemos apreender um sentido para a prática do pai, que está associada ao seu papel educativo e disciplinar, exercido sempre com o objetivo de adequar os filhos às normas de relacionamento social. O contexto em que ocorreu a agressão à filha, conforme descrição do inquérito, foi a "disputa" entre a criança vítima da violência e a sua prima, de quase a mesma idade. Percebemos que a motivação que sustenta essa atitude é a correção da filha quando esta quer para si um objeto que não lhe pertence. No entendimento do pai, e também do juiz, essa é uma atitude que requer uma ação punitiva. Em uma análise mais profunda, trata-se da coerção à conduta de desejo de posse de um bem que pertence ao outro. Tal compreensão assemelha-se aos resultados da pesquisa realizada por Plyn (1998), em que se buscou saber quais eram as atitudes das crianças mais potencialmente puníveis, tendo sido encontrado o "pegar algo dos outros" como a resposta mais freqüente à questão.

Dessa forma, o juiz não deixa de reafirmar a função da família de manter a ordem social exercida por meio da autoridade dos pais, impondo a internalização da submissão, característica comportamental essencial para a manutenção da sociedade capitalista.

Caso 2

No caso 2, a denúncia apresentada pelo Ministério Público aponta os crimes de sujeição de menor de 14 anos[40] a trabalho inadequado (artigo 136 § 3º), abandono material (artigo 244), entrega de filho a pessoa inidônea (245) e abandono intelectual (246). A reunião das conclusões emitidas pelo juiz no decorrer do processo, ao analisar a procedência da acusação para cada artigo, permite-nos apresentar seu raciocínio da seguinte forma:

(p) – O juiz crê que não ocorreu "trabalho excessivo e inadequado";

(q) – O juiz aceita a tese de que havia sido mais vantajoso para a vítima a companhia de seu patrão (em comparação com o abandono absoluto);

(r) – A importância recebida pela vítima era necessária à subsistência de sua família;

(s) – O juiz constata que a acusada infringiu a lei (Artigo 245 do CPB);

(t) – O juiz aceita a hipótese de não se poder responsabilizar a acusada por sua incapacidade de avaliar a importância da educação dos filhos;

(z) – O juiz conclui que o crime do artigo 244 do CP não restou provado;

[c] – O juiz concede a suspensão do feito, pelo prazo de dois anos.

Dos julgamentos emitidos no processo apreendemos a forma, acima apresentada, do raciocínio jurídico que permitiu a conclusão final. Os juízos, presentes nas premissas "p", "q", "t" e "z", são caracteristicamente constituídos por significações não-lógicas. O que motiva tais opiniões são as crenças e valores adquiridos no decorrer da vida; visto que esses valores são compartilhados por outras pessoas, podemos dizer que são sociais.

40. O Estatuto alterou a idade mínima para ingresso no trabalho, de 14 para 16 anos.

As premissas "p" e "q" estão fundamentadas no valor do trabalho. Nesse caso, independentemente das condições em que o trabalho é exercido, ele é considerado a melhor opção para a criança, dadas as condições de vida em que sua família se encontrava. A atribuição de um caráter dignificante encobre as injustiças ocasionadas pelas longas horas de trabalho e pelas condições desumanas a que se submetem algumas categorias de trabalhadores e, ainda hoje, justifica o trabalho escravo em algumas regiões do país. A importância atribuída ao trabalho o faz atingir um significado, associando-o ao caráter da pessoa. A qualidade de "trabalhador" é utilizada no discurso jurídico como tentativa de inocentar alguns réus (Izumino, 1998), pela via de uma associação com a idéia de "boa índole".

No que se refere à premissa adotada pelo juiz, ignora-se o Estatuto da Criança e do Adolescente, que só admite a inserção no mundo do trabalho de adolescentes acima de 16 anos, na condição de aprendiz. A criança F., de apenas 10 anos, era duplamente explorada pelo trabalho doméstico que exercia e pela submissão a práticas sexuais, além de lhe ser negado o direito à educação.

Quando o juiz admite que "era melhor a criança ficar em companhia de G.", ele reconhece que mesmo sofrendo todas essas violações de direitos, "comprovadas" durante o processo, essa era uma situação melhor para a criança que morar com a mãe que possuía pouca ou quase nenhuma condição financeira. Dessa forma, o juiz tira a responsabilidade do governo de tutelar a criança, na forma prevista pelo ECA. Ao isentar o Estado de sua responsabilidade, o juiz situa o crime nas esferas domésticas e assim analisa o caso.

O juiz compartilha com a ideologia capitalista e patriarcal que justifica as diversas formas de dominação do homem e do capital. Nas relações pessoais, as mulheres servem aos desejos dos homens e, nas atividades domésticas, elas assumem, com exclusividade, a responsabilidade dos afazeres do lar, além do cuidado dos filhos. Esse modelo de relação homem/mulher foi adotado como parâmetro para a emissão do juízo presente nas premissas "p" e "q".

O crime previsto no artigo 245 (entregar filho menor de 18 anos a pessoa em cuja companhia saiba ou deva saber que o menor fica moral ou materialmente em perigo) foi o único reconhecido pelo juiz. Porém, não foi suficiente para motivar uma conclusão que considerasse a gravidade dos fatos, porque se construiu de uma sucessão de idéias que atenuaram a responsabilidade da mãe quanto à situação em que se encontrava sua filha.

Por fim, parece ainda que o estado de pobreza da família foi utilizado a todo momento como justificativa para a atitude da mãe. A pobreza, nesse caso, aparece como um atenuante do crime; porém, se compararmos tal perspectiva com o resultado de outros trabalhos, percebemos que o artifício somente se aplica a crimes dessa natureza. Não há presença dessa "circunstância de vida" nos processos de crimes contra a propriedade ou contra a vida. É assim, por exemplo, que nossas penitenciárias têm sua população constituída, quase exclusivamente, por pobres. A hipótese que surge da análise desses elementos do discurso jurídico é a de que os crimes contra crianças são mais facilmente justificáveis, e que se admite que a criança sofra as conseqüências das precárias condições de vida de sua família, o que coloca em fragilidade a máxima de que crianças e adolescentes são prioridade nacional.

Casos 3, 4, 5, 6, 7, 8b[41] e 9

Nos processos três, cinco, seis, sete, oito e nove podemos apreender a mesma forma de raciocínio jurídico. Em todos houve omissão de discussão a respeito do crime em questão, o que impossibilitou a extração das motivações que conduziram a formulação de pareceres por parte dos juízes.

Exceto no caso 4, as demais sentenças apresentam-se da seguinte forma:

(p) – O Ministério Público propõe a suspensão do processo por dois anos;

(q) – A acusada aceita as condições propostas pelo MP;

[c] – O juiz concede a suspensão do feito.

41. O processo 8 teve duas sentenças. A primeira sentença ocorreu na Vara da Infância e a segunda na Vara Criminal Comum, correspondendo à letra "b" à segunda sentença.

No caso 4, a sentença dada é a seguinte:

(p) – Os autos não apresentaram quaisquer dos impedimentos previstos no § 2º do art. 76 da lei 9.099/95;

[c] – O juiz aplica à acusada uma pena de multa (R$ 80,00).

O raciocínio presente nos primeiros processos é falacioso, como já vimos anteriormente. Trata-se de uma conclusão que toma a premissa "p" como a mais importante. A opinião do Ministério Público, nesses casos, isenta o juiz de qualquer crítica, visto que essa é a instância jurídica responsável pela defesa dos interesses da sociedade. A proposta de suspensão realizada pelo Ministério Público seria compreensível se, durante o processo, houvesse evidência de atenuantes do crime ou reunião de novas provas que viessem a alterar sentidos ou entendimentos relativos ao crime, uma vez que os acusados foram denunciados anteriormente por se considerar que se tratava de um crime com autoria e materialidade comprovadas. Mas nenhuma discussão foi realizada durante o processo e nenhuma prova foi questionada ou invalidada.

Somente no caso 3 a ré prestou depoimento em juízo, dizendo que abandonou a filha logo após o nascimento porque temia perder o emprego, já que possuía um outro filho de quem cuidava sozinha. O depoimento apontou, então, para outros crimes que envolvem a violência doméstica, e que permitem evidenciar as circunstâncias em que a maioria dos acusados se encontra, como já apontamos em trabalho anterior (Rosa, 1997), mas não recebe nenhuma atenção do poder público, dado que seu papel é julgar o crime que está em pauta.

À produção da decisão "concedo a suspensão do feito", se aplicado conforme o Direito, só pode ter um sentido: reconhece-se o crime, mas atribui-se a ele uma gravidade pequena. De qualquer forma, não houve discurso algum a respeito da gravidade dos casos, nem referência às provas contidas nos processos. Podemos, assim, induzir que existem posturas movidas por crenças particulares dos juízes e dos promotores de justiça, as quais os casos aqui postos em análise não constituem violência; ou, ainda, que se trata de uma prática aceitável na relação pais e filhos.

As considerações de Arendt (1994), adotadas neste trabalho, afastam qualquer possibilidade de justificativa da violência doméstica, pelo fato de esta não se enquadrar nas três categorias de violência justificável: quando ela é utilizada em legítima defesa, quando se constitui em ameaça ao corpo político e quando objetiva a destruição de velhos poderes, no intuito de estabelecer novos poderes. Como vimos na análise dos casos aqui tratados, não há tentativa de justificativa explícita dos casos nos discursos jurídicos, o que nos permite afirmar que há uma grande lacuna nesses processos, de tal magnitude que encobre o real sentido da violência. Podemos, ainda, concluir que se ocultam os verdadeiros sentidos dessa modalidade de violência porque uma reflexão mais profunda revelaria sua semelhança àquelas outras que têm a função de adequar os indivíduos às normas sociais.

O movimento de ocultação social e jurídica dessa dimensão da violência não anula a prática de castigos corporais no âmbito doméstico. Nessa tensão entre o real sentido da violência e a necessidade de contê-la no nível das relações privadas, o sistema de justiça exerce um papel fundamental: o de produzir um discurso capaz de domesticar a violência de pais contra filhos. Aliás, a domesticação da violência é a produção, sob o julgo do poder, de sentidos que aprisionam as práticas de correção disciplinar nos limites domésticos, pois caso o discurso jurídico a emancipasse desse confinamento do doméstico ele exerceria um papel de libertação dos seus sentidos e, conseqüentemente, de seus atores.

Caso 8

No processo número 8, a sentença dada pelo juiz da Vara da Infância e Juventude apresenta-se da seguinte forma:

(p) – O juiz acata as exposições realizadas no processo e o parecer ministerial retro;

[c] – O juiz determina o arquivamento do feito, observadas as cautelas legais.

A exposição a que se refere o juiz é o parecer do Ministério Público na audiência, que sugere o arquivamento do processo, "por ter ficado provado que a surra dada pela mãe da criança na mesma foi com o intuito de corrigir na sua educação, não tendo trazido nenhum dano à criança". Considerações a respeito das provas contidas no processo que contestam essa opinião do Ministério Público já foram feitas neste trabalho. Porém, há que se ressaltar novamente a tentativa de desqualificar a violência, atribuindo-lhe uma função educativa.

Mais uma vez, ocorre a manifestação da função da família como agência de correção de condutas indesejadas. Reproduzindo as relações de poder que estão presentes na sociedade, nas quais há dominantes e dominados, ela cumpre sua função de agente de reprodução ideológica que legitima o poder social. Questionar tal função levaria, conseqüentemente, ao questionamento dos padrões de relacionamento presentes em outras instituições na sociedade.

Como nos lembra Foucault (1987), a família tem como função disciplinar seus membros às condutas socialmente desejadas e – exatamente por exercer essa função – ela adota também a punição, porque é ela quem garante o êxito das atitudes com fins disciplinares. Trata-se de um pequeno tribunal no qual se julgam comportamentos e aplicam-se sanções aos desviantes. O sistema de justiça jamais deslegitimará essa função punitiva da família, pois trata-se da primeira instância que visa conter suas demandas.

Conclusão da segunda análise

A análise dos valores embutidos nos julgamentos aponta para uma produção discursiva em conformidade com os valores sociais adequados à manutenção da ordem social, legitimando, entre outras coisas, a relação de autoridade dos pais para com os filhos. Os valores revelados constituem as significações que se articulam pelas inferências entre os fatos, associando surras com educação, trabalho com boa formação, criança com submissão e pais com poder.

Ao esboçar o conteúdo do conhecimento essencialmente por significações, Piaget possibilita o estudo dos valores e crenças que subjazem ao raciocínio humano. O que ele esperava, no entanto, é que as significações estivessem, em sua maioria, obedecendo a raciocínios lógicos naqueles discursos de caráter científico, apesar de toda pessoa que tenha chegado ao estágio das operações formais ser capaz de raciocinar de forma lógica.

O que percebemos durante o desenvolvimento deste trabalho foi que o discurso jurídico constitui-se de forma a obedecer, essencialmente, aos sistemas de significações não-lógicos; o que nos parece evidente é a construção social de tal pensamento, visto que uma análise profunda do seu conteúdo revela as ideologias do poder em nossa sociedade.

Ficou evidenciado também que o discurso jurídico é fabricado com total autonomia em relação aos fatos que constituem os delitos, descartando qualquer necessidade de lançar mão da origem e dos laços dos fenômenos a que se refere. Assim sendo, podemos dizer que se trata de um discurso competente porque atinge o posto de ser proferido, ouvido e aceito como verdadeiro (Chauí, 1993), tornando-se, portanto, inquestionável.

A função da família mostra-se preservada em todos os casos analisados, até no caso 1 (em que o réu é condenado), pois a decisão não é tão importante quanto a forma como essa decisão foi constituída. Por isso, em todos os casos não se questionou a forma como a família está desempenhando a sua função educativa, assegurando sua permanência mesmo quando uma determinada ação resulta em ferimentos. Na literatura contemporânea, encontramos indicativos de que a função disciplinadora da família é exercida principalmente por intermédio de fatores emocionais, como afirma, entre outros, Bruschini (1993): "o padrão emocional é definido pela autoridade restringida aos pais, profundo amor parental pelos filhos, uso de ameaças de retirada de amor, a título de punição, em vez de castigos físicos" (p. 53). Porém, o que observamos, tanto nos nove casos analisados quanto nos dados recolhidos na DPCA, foi que ainda permanece o disciplinamento por meio de agressões físicas, mesmo que outros padrões de condutas de pais com filhos tenham-se integrado ao repertório comportamental dos pais.

A idéia de violência que norteia a ação dos operadores do Direito está em conformidade com a conceituação apresentada por Alves (1998), visto que em nenhum processo foram reconhecidas as características contidas na conceituação. O autor diz que a violência é uma intervenção física que "tem por finalidade coagir, para destruir, ofender e causar dano a si ou a outrem. Se a intervenção física não tiver como fim essa ofensa, destruição ou dano, não se pode considerá-la como violência" (p. 248).

Além do juiz e do promotor não terem considerado nenhuma dessas intenções indicadas, em alguns casos eles desqualificaram a intencionalidade dos atos, atribuindo significados de um "bem que os pais estavam fazendo aos filhos". Dessa forma, sugere-se "a possibilidade de se exercer uma violência não considerável, uma violência exercida de modo 'justo'" (Alves, 1998, p. 242).

Quando o processo narrava alguma atitude desrespeitosa da criança em relação aos pais, essa atitude era utilizada como atenuante do crime, atribuindo à criança uma parte da responsabilidade do ato. A mesma característica – considerar a vítima como tendo "provocado" a agressão – foi observada também em outros estudos sobre o judiciário, gerando descrições como: "o réu agiu sob forte emoção"; ou "o réu estava abalado emocionalmente". Ao que tudo indica, essa parece ser uma prática bastante familiar aos operadores do direito.

O tempo decorrido entre a ocorrência dos fatos e o seu julgamento também indica um artifício para construir a absolvição de um réu. No caso 3, que tratava do julgamento de uma criança abandonada logo após o nascimento, o julgamento ocorreu quase quatro anos após a ocorrência do fato. Conforme a escrivã do cartório, no dia do julgamento a mãe foi acompanhada da criança, o que deve ter contribuído para a decisão judicial.

Em última instância, a decisão final pela suspensão dos processos parece ser motivada pela constatação da superlotação dos presídios, como afirmou um juiz ao ser entrevistado por nós. Dessa forma, a justiça é eletiva ao aplicar a lei aos casos mais graves. O que lamentamos (e denunciamos) é que o Estado não possui estrutura para fazer cumprir o Estatuto da Criança e do Adolescente, atitude fundamental para gerar uma atuação mais eficaz no controle da violência.

CONCLUSÃO

A produção do discurso é ao mesmo tempo controlada, selecionada, organizada e redistribuída por certo número de procedimentos que têm por função conjurar seus poderes e perigos, dominar seu acontecimento aleatório, esquivar sua pesada e temível materialidade.

Michel Foucault, *A verdade e as formas jurídicas.*

Este trabalho foi desenvolvido em um contexto de extrema violação dos direitos humanos no Espírito Santo, fenômeno evidenciado pelas estatísticas a respeito da violência. O Estado é o segundo mais violento do país, perdendo somente para o Amapá. Ocorrem, anualmente, 47 homicídios para cada 100.000 habitantes e, segundo o Ministério da Justiça, em 1999 e 2000 houve 2.983 homicídios dolosos, 72 roubos seguidos de morte, 20.855 lesões corporais, 681 estupros e 556 atentados violentos ao pudor[42]. O que torna o quadro mais grave é que os estudos realizados por organismos nacionais e internacionais de defesa dos direitos humanos apontam que boa parte dos crimes é controlada pelo poder político estadual.

Nesse cenário encontram-se também as precárias condições das crianças e adolescentes quanto à garantia de seus direitos. Ao nível da promoção e garantia dos direitos, constata-se o descaso do poder público para com os Conselhos Tutelares, que sofrem com a falta de infra-estrutura e de remuneração dos seus membros; os programas de medidas de proteção são escassos e, nos municípios em que existem, não conseguem acompanhar a demanda da popu-

---

42. Dados divulgados no seminário "Integração das ações: um serviço às vítimas da violência" realizado nos dias 24 e 25 de julho de 2002, em Vitória/ES. Nesse seminário surgiu a iniciativa de formação da Rede de Serviços a Vítimas de Violência da Região Metropolitana da Grande Vitória que hoje congrega 94 entidades que prestam algum serviço, direta ou indiretamente, às vítimas de violência.

lação, em seus diferentes graus de carência. Até mesmo os adolescentes que se encontram sob um regime de internação por estarem em conflito com a lei sofrem com o desrespeito aos seus direitos. Somente nos últimos quatro anos dezessete deles foram vítimas de homicídios dentro da Unidade de Integração Social–UNIS.

Em contrapartida, no cenário mundial, o Brasil possui uma das melhores leis de defesa dos direitos da criança e do adolescente, embora isso não garanta sua aplicação e conseqüente implementação de políticas públicas, tais como programas de proteção e de amparo, quando tais direitos são desrespeitados. Da mesma forma, o sistema de justiça não consegue garantir o cumprimento do Estatuto ao lidar com casos particulares, porque, entre outras razões, o que rege as decisões judiciais são os valores e interesses daqueles que regulam a sociedade.

Essa foi a constatação a que chegamos, após a análise dos dados coletados neste trabalho. Eles ajudaram a construir uma percepção sobre a forma como o sistema de justiça tem tratado os casos de violência contra crianças que alcançam a instância jurídica. Os dados encontrados na DPCA permitiram a constatação de que a Polícia Judiciária não está desempenhando efetivamente suas funções, uma vez que teria, obrigatoriamente, de encaminhar todos os casos a ela oficializados ao Judiciário, que é a instância responsável pelo julgamento dos crimes.

Em 1999, por exemplo, somente 30% dos casos seguiram seu trâmite legal após comunicação à Delegacia e, em 2000, foram 32%. Os dados apontam um aumento do arbítrio da polícia judiciária, que acaba por ser seletiva ao privilegiar o encaminhamento de casos "mais graves", na avaliação dos peritos, caracterizando um sistema de justiça que adota mecanismos informais de atuação e servindo como um "freio" na demanda do Sistema Judiciário e, conseqüentemente do Sistema Penitencial, ocultando as reais dimensões dos conflitos sociais (Adorno, 1998).

Os processos que chegam a julgamento apresentam-se pobres quanto à reunião de provas. O exame médico, que constitui a prova mais freqüente, não elucida a gravidade da maior parte dos casos, pois não permite avaliar os danos que a violência causa à criança. Quase sempre, a materialidade dos fatos é construída de forma a diminuir a gravidade dos eventos, caracterizando-os como episódios passíveis de se diluírem com o tempo, o que contribui para caracterizar a fragilidade dos argumentos que poderiam ajudar a identificar a violência.

Da mesma forma, os depoimentos das testemunhas são direcionados conforme o interesse do promotor ou do juiz, e não se percebeu nestes nenhum interesse de defesa da vítima, pois não houve referência ou preocupação com a situação em que ela se encontrava. Tratou-se, então de um processo de "formatação" de provas regulado pelo interesse de legitimar a exclusão da criança, de forma a produzir uma verdade amparada pelos valores da família e da manutenção das relações familiares. Assim, as motivações para o julgamento fundamentam-se nas avaliações pessoais dos agentes jurídicos que se manifestam, em sua maioria, como resultado de análises constituídas por significações não-lógicas. As conclusões a que chegam os agentes jurídicos não se baseiam nos fatos; por isso, não atendem às exigências do pensamento lógico que, por inferência, chegariam às conclusões necessárias.

Todo esse conjunto de elementos permite atribuir um caráter episódico aos casos de violência de pais contra filhos, imprimindo características aos agressores, tais como "perderam a cabeça" ou "estavam nervosos", o que confirma as impressões de Chauí (1999), quando fala a respeito da violência interpretada como um surto, um comportamento passageiro.

Na concepção de Hanna Arendt, em contrapartida, a violência aparece quando não há meios de participação na vida pública. A violência denuncia uma ausência de diálogo, e em última instância reclama a falta de cidadania. A violência, portanto, aparece quando o *status quo* não consegue dominar. No contexto familiar, a violência explicita a queixa da opressão em que vivem as crianças, sob a forma de dominação dos adultos, uma queixa que anuncia também a difícil tarefa dos pais de educar os filhos em uma sociedade repressora e injusta. O problema é que ela é impedida de mostrar suas reais necessidades em virtude do desenvolvimento de mecanismos que a ocultam.

Um dos dispositivos responsáveis para que a violência real permaneça oculta, conforme Chauí (1999), é o dispositivo jurídico que localiza a violência apenas no crime contra a propriedade e contra a vida, algo que ficou caracterizado neste trabalho, em que o crime analisado enquadra-se na categoria dos crimes contra a pessoa. Vimos que na enunciação do discurso jurídico em momento algum os atores referem-se aos casos em questão como "violência". Percebemos, ainda, que para ocultar a dimensão política da violência o discurso que se fabrica nas instâncias jurídicas mantém sua atenção nas relações de ordem pessoal. Assim, nos casos de violência de pais contra filhos, homens contra mulheres, ou vice-versa, a explicação baseada em questões domésticas, relacionadas aos espaços privados, possibilita a domesticação da violência e impede a emancipação do seu caráter social e político. Ela aparece vinculada às atividades de educação doméstica, e não a um treino de submissão a todas as instâncias da vida social. Ao agir dessa forma, o sistema jurídico fortalece o espaço doméstico legitimando o seu mecanismo de poder, ao passo que alivia os mecanismos de poder do espaço da cidadania fortalecendo a família e o parentesco e enfraquecendo o Estado enquanto espaço de domínio do público, ou do bem comum (Sousa Santos, 1999).

O total desinteresse do Estado em aplicar a justiça é escamoteado pela existência do sistema de justiça que acolhe a comunicação de atos como os analisados nesta tese. Podemos considerar que em algum momento os mecanismos estatais de controle social "reconhecem" esses fatos como uma ameaça à vida ou à integridade do ser humano. Assim, por um lado, o Estado mantém legítimas as leis de defesa dos direitos humanos e por outro, impede a efetivação de novas demandas jurídicas. Além disso, mantém acesa à idéia de participação garantida pelo acesso da população aos órgãos públicos responsáveis pela resolução dos conflitos entre as pessoas, considerando tais ações "cidadania", conceito muito valorizado em uma sociedade democrática.

Ora, mas é justamente pela forma como acontece essa participação[43] e pela forma como o sistema de justiça age, que se torna possível que o ato de denúncia de uma violência, estando sob o

[43]. Em nossa sociedade cada vez mais é incentivada a participação de forma individual como o voto. Em contrapartida são deslegitimadas formas de participação coletivas como, por exemplo, as greves. No caso das ocorrências policiais, a participação é individual e após a comunicação do caso o controle da ação fica restrito ao poder estatal.

controle estatal, cumpra seu papel ideológico de mascarar as reais origens da violência. Assim é que, no decorrer do processo, os agentes jurídicos criam um discurso capaz de enquadrar os fatos no repertório de atos cotidianos da relação dos pais com os filhos, deixando de reconhecer que se trata de uma violação de direitos.

Os argumentos que garantem o apoio social aos julgamentos que aliviam a responsabilidade dos agressores apoiam-se no reconhecimento do "direito" dos pais sobre os filhos quando o fim é a educação destes. Dessa forma, o poder jurídico contribui para a fabricação de subjetividades e de verdades que controlam as relações de poder que por serem fabricações são determinadas pelo contexto sócio-histórico (Foucault, 1999).

Toda essa produção de subjetividades e de verdades nem sempre aparece explícita no texto. Foi por meio da análise do pensamento e do raciocínio jurídico que chegamos à constatação de que o juízo implícito nas conclusões dos processos revela a "fragilidade" da lei quanto à linha divisória do que de fato tratam-se os crimes na relação dos pais e filhos. O contorno dado aos fatos, ao se construírem os processos, permite-nos dizer que a constituição do delito estabelece-se num campo bastante restrito do que podemos considerar "violência", alargando o território de tudo aquilo que podemos classificar como "não-violência" (Rosa e Tassara, 2003).

Nessa produção de limites jurídicos da violência contra crianças, a ideologia age fortalecendo os ideais de família e os valores sociais, contribuindo para lastrear declarações como "isso é violência" ou "isso não é violência". O que resulta de toda essa ação da Justiça é que ela não garante a efetivação do direito da criança à proteção contra crimes. A criança continua vulnerável, sofrendo violência dentro e fora de casa, não sendo raros os casos – fartamente noticiados pelos meios de comunicação – em que a reincidência da violência resulta em morte da criança.

Além disso, o descumprimento da lei, no aspecto da falta de reconhecimento da violência nas relações familiares, reproduz a ordem violenta que permeia as relações dos homens em todas as suas instâncias. O não-cumprimento do direito assegura a manutenção da propriedade, pois reforça a manutenção da família que é o organismo que a sustenta (Canevacci, 1981).

Num tal cenário, a existência de leis de garantia dos direitos humanos referentes a crianças e adolescentes, assim como aquelas referentes a outros segmentos da sociedade, principalmente os mais atingidos pelas desigualdades sociais, parece atender a um movimento contrário à emancipação das minorias em situações de desrespeito e vitimização.

Conforme sugere Faria (1994),

> não é por acaso que, nas sociedades não tipicamente tradicionais e fracamente integradas, sujeitas a fortes discriminações socioeconômicas e político-culturais, como a brasileira, muitas declarações programáticas em favor dos direitos humanos e sociais, nos textos constitucionais, acabam tendo apenas uma função tópica, retórica e ideológica. Seu objetivo, na verdade, não é depurar juridicamente as concepções de eqüidade e justiça, nem garantir formalmente a correção dos desequilíbrios setoriais, das disparidades sociais e das diferenças regionais, mas apenas forjar as condições simbólicas necessárias para uma assimilação acrítica da ordem jurídica (p. 49-50).

Assim, "as declarações em favor dos direitos humanos e sociais tendem a ficar apenas enunciadas e/ou propostas, uma vez que costumam ser utilizadas para exercer o papel de instrumento ideológico de controle das expectativas sociais" (Faria, 1994, p. 50). A realidade, contudo, não permite disfarçar a evidência de que, no Brasil, a criança e o adolescente são fortemente atingidos pelas desigualdades sociais e pela manipulação ideológica do sistema de justiça.

REFERÊNCIAS

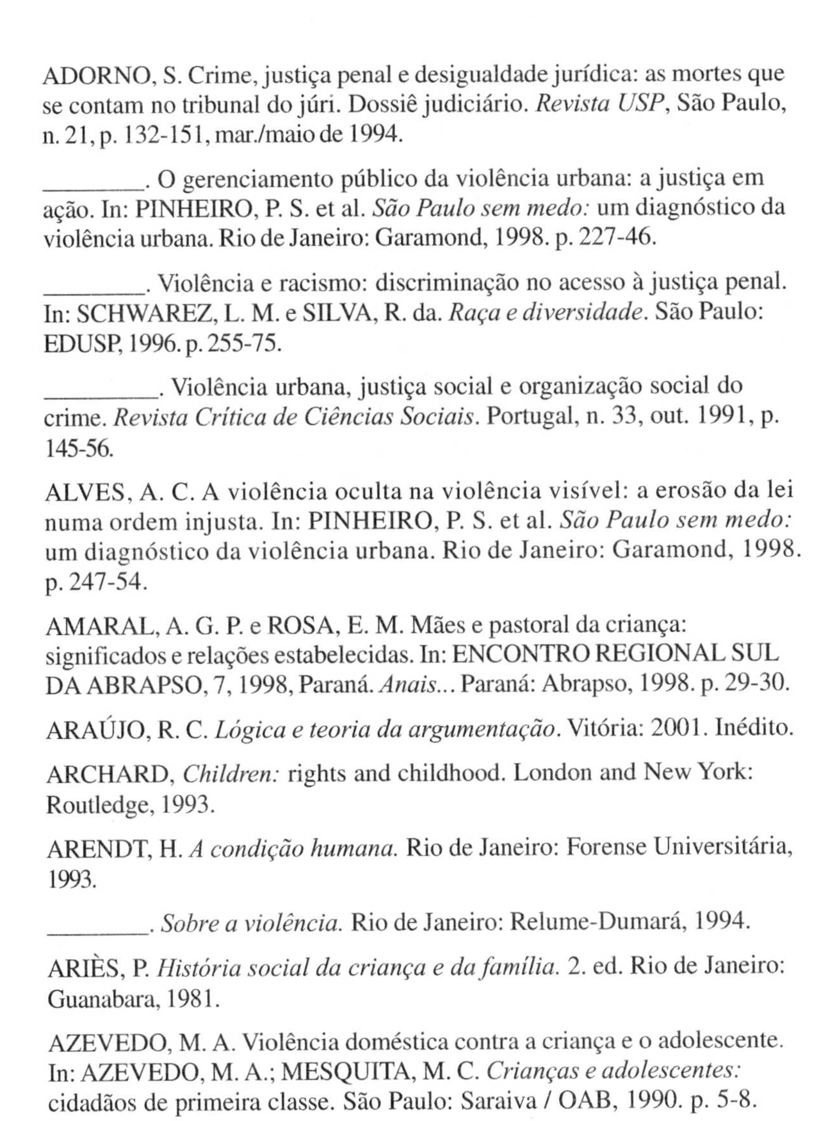

ADORNO, S. Crime, justiça penal e desigualdade jurídica: as mortes que se contam no tribunal do júri. Dossiê judiciário. *Revista USP*, São Paulo, n. 21, p. 132-151, mar./maio de 1994.

________. O gerenciamento público da violência urbana: a justiça em ação. In: PINHEIRO, P. S. et al. *São Paulo sem medo:* um diagnóstico da violência urbana. Rio de Janeiro: Garamond, 1998. p. 227-46.

________. Violência e racismo: discriminação no acesso à justiça penal. In: SCHWAREZ, L. M. e SILVA, R. da. *Raça e diversidade*. São Paulo: EDUSP, 1996. p. 255-75.

________. Violência urbana, justiça social e organização social do crime. *Revista Crítica de Ciências Sociais*. Portugal, n. 33, out. 1991, p. 145-56.

ALVES, A. C. A violência oculta na violência visível: a erosão da lei numa ordem injusta. In: PINHEIRO, P. S. et al. *São Paulo sem medo:* um diagnóstico da violência urbana. Rio de Janeiro: Garamond, 1998. p. 247-54.

AMARAL, A. G. P. e ROSA, E. M. Mães e pastoral da criança: significados e relações estabelecidas. In: ENCONTRO REGIONAL SUL DA ABRAPSO, 7, 1998, Paraná. *Anais...* Paraná: Abrapso, 1998. p. 29-30.

ARAÚJO, R. C. *Lógica e teoria da argumentação*. Vitória: 2001. Inédito.

ARCHARD, *Children:* rights and childhood. London and New York: Routledge, 1993.

ARENDT, H. *A condição humana*. Rio de Janeiro: Forense Universitária, 1993.

________. *Sobre a violência*. Rio de Janeiro: Relume-Dumará, 1994.

ARIÈS, P. *História social da criança e da família*. 2. ed. Rio de Janeiro: Guanabara, 1981.

AZEVEDO, M. A. Violência doméstica contra a criança e o adolescente. In: AZEVEDO, M. A.; MESQUITA, M. C. *Crianças e adolescentes:* cidadãos de primeira classe. São Paulo: Saraiva / OAB, 1990. p. 5-8.

BADINTER, E. *Um amor conquistado:* o mito do amor materno. 8. ed. Rio de Janeiro: Nova Fronteira, 1985.

BAKHTIN, M. *Estética da criação verbal. São Paulo:* Martins Fontes, 1992.

________. *Marxismo e filosofia da linguagem.* 7ª ed. São Paulo: Hucitec, 1995.

BARDI, M. e BORGOGNINI-TARLI, S. M. A survey on parent-child conflict resolution: intrafamily violence in Italy. *Child Abuse and Neglect.* Chicago, n. 6, jun. 2001. p. 839-853.

BEVILAQUA, C. *Direitos da família.* Recife: Ramiro M. Costa & Filhos Editores, 1910.

BOFF, L. *O despertar da águia:* o dia-bólico e o sim-bólico na construção da realidade. Rio de Janeiro: Vozes, 1998.

BRASIL. Constituição (1988). *Constituição da República Federativa do Brasil:* Constituição do Brasil: promulgada em 5 de outubro de 1988. Brasília: Centro Gráfico do Senado Federal, 1988.

BRUSCHINI, C. Teoria crítica da família. In: AZEVEDO, M. A.; GUERRA, V. N. A. (Orgs.). *Infância e violência doméstica:* fronteiras do conhecimento. São Paulo: Cortez, 1993. p. 49-79.

CALDEIRA, T. P. do R. *Violence, the unbounded body, and the disregard for rights:* limits of democratization in Brazilian society. Campinas: Ed. Unicamp, [s.d.].

CANEVACCI, M. *Dialética da família.* São Paulo: Brasiliense, 1981.

CHAUÍ, M. *Cultura e democracia.* 6. ed. São Paulo: Cortez, 1993.

________. Público, privado, despotismo. In: NOVAES, A. (Org). *Ética.* São Paulo: Cia das Letras, 1996. p. 345-91.

________. Uma ideologia perversa. *Folha de S. Paulo*, São Paulo, 14 mar. 1999. Caderno Mais! p. 3.

COPI, I. M. *Introdução à lógica.* 2. ed. São Paulo: Mestre Jou, 1978.

CORRÊA, M. *Morte em família:* representações de papéis sexuais. Rio de Janeiro: Edições Graal, 1983.

COSTA, J. F. *Ordem médica e norma familiar.* Rio de Janeiro: Edições Graal, 1989.

DEL PRIORE, M. L. M. O cotidiano da criança livre no Brasil entre a Colônia e o Império. In: DEL PRIORE, M. L. M. (Org.). *História das crianças no Brasil.* São Paulo: Contexto, 1999. p. 84-106.

________. O papel branco, a infância e os jesuítas na colônia. In: DEL

PRIORE, M. L. M. (Org.). *História da criança no Brasil*. São Paulo: Contexto, 1991.

DEMO, P. *Pesquisa*: princípio científico e educativo. 3. ed. São Paulo: Cortez, 1992.

DONZELOT, J. *A polícia das famílias*. 2. ed. Rio de Janeiro: Edições Graal, 1986.

FALEIROS, V. de P. Infância e processo político no Brasil. In: PILOTTI, F.; RIZZINI, I. (Orgs.). *A arte de governar crianças:* a história das políticas sociais, da legislação e da assistência à infância no Brasil. Rio de Janeiro: Instituto Interamericano Del Niño; Editora Universitária Santa Úrsula; Amais Livraria e Editora, 1995. p. 47-98.

FARIA, J. E. Os desafios do judiciário. Dossiê judiciário. *Revista USP*, São Paulo, n. 21, p. 46-57, mar./maio 1994.

FOUCAULT, M. *A verdade e as formas jurídicas*. Rio de Janeiro: Nau Ed., 1999.

________. *Microfísica do poder*. 15. ed. Rio de Janeiro: Edições Graal, 2000.

________. *Os anormais*. São Paulo: Martins Fontes, 2001.

________. *Vigiar e punir:* nascimento da prisão. 17. ed. Petrópolis: Vozes, 1987.

GOMES, L. F. (Org.) *Código penal, código de processo penal e constituição federal*. 3. ed. São Paulo: Editora Revista dos Tribunais, 2001.

________. Reforma penal, juizados criminais e suspensão condicional dos processos. *Revista Consultor Jurídico*, São Paulo, 6 out. 2002. Disponível em: <http://conjur.uol.com.br/>. Acesso em 18 out. 2002.

GUATTARI, F. e ROLNIK, S. *Micropolítica*: cartografias do desejo. 6. ed. Petrópolis: Vozes, 2000.

GUERRA, V. N. A. *Violência de pais contra filhos:* a tragédia revisitada. 3. ed. São Paulo: Cortez, 1998.

HEGENBERG, L. A lógica e a teoria de Jean Piaget: a implicação significante. *Revista Psicologia USP*, São Paulo, n. 2 (1/2), p. 25-32, 1991.

________. *A racionalidade contemporânea*. São Paulo: USP, Mimeogr. 1987.

IZUMINO, W. P. *Justiça e violência contra a mulher:* o papel do sistema judiciário na solução dos conflitos de gênero. São Paulo: Annablume; FAPESP, 1998.

KANT, I. *Lógica*. Rio de Janeiro: Tempo Brasileiro, 1992.

KOCK, I. G. V. *Argumentação e linguagem*. 6. ed. São Paulo: Cortez, 2000.

LAHALE, A. Artigo 5º. In: CURY, M.; SILVA, A. F. *do* A.; MENDEZ, E. G. (Coords.). *Estatuto da criança e do adolescente comentado:* comentários jurídicos e sociais. São Paulo: Malheiros Editores, 1992.

MACEDO, S. de. *Lógica Jurídica*. Rio de Janeiro: Editora Rio, 1978.

MACHADO, R. Por uma genealogia do poder. In: FOUCAULT, M. *Microfísica do poder*. 15. ed. Rio de Janeiro: Graal, 2000. p. VII-XXIII.

MENANDRO, P. R. M. e SOUZA, L. de S. Linchamentos no Brasil: a justiça que não tarda mais falha: uma análise obtida através da imprensa escrita. Vitória: Fundação Ceciliano Abel de Almeida, 1991.

MESQUITA, M. A impunidade e a atuação das instituições de segurança e justiça. São Paulo, 1990-1995: uma discussão sobre a impunidade como um fenômeno que se constrói. *Revista Interacções*. Coimbra, n. 5, p. 7-32. jan./jun. 1997.

MINISTÉRIO PÚBLICO DO ESTADO DO ESPÍRITO SANTO. *Estatuto da criança e do adolescente e legislação congênere*. Vitória: ARTGRAF, 2002.

MORAIS, M. R.; ROSA, E. M.; TRINDADE, Z. A. Violência física doméstica contra a criança. Um estudo dos processos do SOS Criança. In: REUNIÃO ANUAL DA SBPC, 46., 1994. *Anais*... Vitória: UFES, 1994.

OLIVEIRA, J. L. de. *Manual de direito de família*. 2. ed. rev., atual. e ampl. Recife: Livrotécnica, 1976.

OLIVEIRA, S. de. Apresentação. In: MINISTÉRIO PÚBLICO DO ESTADO DO ESPÍRITO SANTO. *Direito da criança e do adolescente*: noções básicas. Vitória: Artgraf, 1996.

ORLANDI, E. P. *A linguagem e seu funcionamento:* as formas do discurso. 4. ed. Campinas: Pontes, 1996.

_______. *Discurso e leitura*. 4. ed. São Paulo: Cortez; Campinas: Ed. da Unicamp, 1999.

_______. *O que é lingüística*. 3. ed. São Paulo: Brasiliense, 1993.

_______. *As formas do silêncio:* no movimento dos sentidos. 2. ed. Campinas: Ed. Unicamp, 1993.

PERELMAN, C. *Lógica jurídica*. 3. ed. São Paulo: Martins Fontes, 2000.

PIAGET, J e GARCIA, R. *Hacia una logica de significaciones.* México: Gedisa Editorial, 1989.

PIAGET, J. *Construção do real na criança.* 3. ed. São Paulo: Ática, 1996.

________. *Seis estudos de psicologia.* 24. ed. Rio de Janeiro: Forense Universitária, 2001.

_______ e INHELDER, B. *A psicologia da criança.* 17. ed. Rio de Janeiro: Bertrand Brasil, 2001.

PLYNN, C. P. To spank or no spank: the effect of situation and age of child on support for corporal punishment. *Journal of Family Violence*, Fort Lauderdale, v. 13, n. 1, 1998, p. 21-37.

POSTMAN, N. *O desaparecimento da infância.* Rio de Janeiro: Graphia, 1999.

RAMOZZI-CHIAROTTINO, Z. *Em busca do sentido da obra de Jean Piaget.* São Paulo: Ática, 1984.

______. *Psicologia e epistemologia genética de Jean Piaget.* São Paulo: EPU, 1988.

_______. Sistemas lógicos e sistemas de significação na obra de Jean Piaget. *Revista Psicologia USP*, São Paulo, n. 2 (1/2), 1991, p. 25-32.

REIS, J. R. T. Família, emoção e ideologia. In: LANE, S. T. M. e CODO, W. (Orgs.). *Psicologia social:* o homem em movimento. 7. ed. São Paulo: Brasiliense, 1989. p. 99-124.

RIZZINI, I. Crianças e menores – do pátrio poder ao pátrio dever. Um histórico da legislação para a infância no Brasil. In: PILOTTI, F. e

RIZZINI, I. (Orgs.). *A arte de governar crianças:* a história das políticas sociais, da legislação e da assistência à infância no Brasil. Rio de Janeiro: Instituto Interamericano Del Niño; Editora Universitária Santa Úrsula; Amais Livraria e Editora, 1995. p. 99-168.

ROCHA, Z. M. da. *Direito processual penal.* 7. ed. Brasília: VESTCON Editora, 2000.

RODRIGUES-FILHO, E. *Código civil anotado.* São Paulo: Editora de Direito, 1996.

ROSA, E. M. Diagnóstico da violência doméstica contra crianças e adolescentes: um desafio para o profissional de saúde. Jornada Científica da FAESA, 1., 2001, Vitória. *Anais*... Vitória: FAESA, 2001. p. 22-23.

________. Violência física contra crianças: "Pé de galinha (não) mata pinto".

Estudo de caso. 1997. Vitória. Dissertação (Mestrado) – Programa de Pós-Graduação em Psicologia, Universidade Federal do Espírito Santo, Vitória, 1997.

ROSA, E. M. e TASSARA, E. T. de O. Violência doméstica contra crianças e adolescentes e o sistema de justiça brasileiro. In: XXXIII REUNIÃO ANUAL DA SOCIEDADE BRASILEIRA DE PSICOLOGIA, 2003, Belo Horizonte. *Resumos de Comunicação Científica*. Belo Horizonte: SBP, 2003. P. 21.

SADEK, M. T (Org.). *Uma introdução ao estudo da justiça*. São Paulo: Editora Sumaré, 1995.

SANTOS, H. de O. *Crianças espancadas*. Campinas: Papirus, 1987.

SANTOS, S. G. B. *O conceito de violência em Hannah Arendt:* a busca por um lugar no mundo. 1998. Dissertação de Mestrado. Programa de Pós-Graduação em Filosofia. Universidade de São Paulo, São Paulo, 1998.

SOUZA SANTOS, B. de. *Pela mão de Alice:* o social e o político na pós-modernidade. 6. ed. São Paulo: Cortez, 1999.

SHNIT, D. Proteção de crianças contra a violência: aspectos legais. In: Westphal, M.F. (Org.). *Violência e criança*, São Paulo: EDUSP, 2002

SKINNER, B. F. *Ciência e comportamento humano*. 10. ed. São Paulo: Martins Fontes, 2000.

TASSARA, E. T de O. Utopia e anti-utopia: o ressuscitar da história. In: SOUZA, L.; FREITAS, M. de F. Q. e RODRIGUES, M. M. P. (Orgs.). *Psicologia:* reflexões impertinentes. São Paulo: Casa do Psicólogo, 1998.

WESTPHAL, M. F. (Org.). *Violência e criança*. São Paulo: EDUSP, 2002.

YOUSSEF, R. M; ATTIA, M. S.; KAMEL, M. I. Children experiencing violence I: parental use of corporal punishment. *Child Abuse and Neglect*, Chicago, v. 22, n. 10, p.959-73, out. 1998.